來夢的開運レター

「あたりまえ」を「感謝」に変えれば「幸せの扉」が開かれる

來夢　アストロロジャー

きずな出版

★プロローグ

人生で大切なことは、とてもシンプル

どんなに好きで楽しいことであっても、「好きで楽しい」という気持ちを持続していくには苦労があります。

人生には、さまざまなことが起こります。その一つひとつから、自分にとっての大切なことに気づきながら、人は歩んでいくわけです。それは同時に、「行く価値があるかどうか」も試《ため》されているといえるでしょう。

「こんな自分になりたい」

「こんなゴールをめざしたい」

そう思って努力するのは素晴らしいことだけど、めざせば当然、無理をしなければならないこともあるよね。

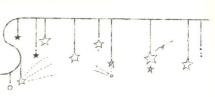

「無理が通れば道理が引っ込む」の「無理」は「誤った考え」で、それを通してしまえば正義は行われないということですが、できないと思うことでも、自分に無理をかけて取り組めば、「できない」が「できる」に変わることもあるわけです。

だから、私は、無理をするのをいけないことだとは思っていません。

自分が自分たる自分であるためには、それを意識しているかどうかはともかく、努力するのは当然のことです。

時に、とっても痛い思いをして喜怒哀楽という感情に揺れたとしても、泣いたり笑ったりは、あなたの人生に必要なことで、その経験は力となって、いつのまにか使命といえる自分の道を生かされているものだと思うのです。

「生かされる」は「行かされる」。

命ある限り、その道を行き、進む。それが使命となるわけです。

人は人とつながって、持ち前の使命は転回も展開もするけれど、気がゆるんだ隙間《すきま》で、箘単に暗転することもあります。

何が幸せで何が不幸なのかは、あなた自身でしか決められないもの。ただ自分の欲だけのために生きているのに、それを「使命」と混同しないことが大切です。


この道は自分の行くべき道か。

それを自分自身に問い、自分の気持ちに素直になって進むことができれば、「願えば叶《かな》う」は加速して、あなたの人生にギフトが届くはず。もしも、そうでないときには、それは自分の道ではないと知るサインかもしれません。

人の心は複雑で、思い通りにならないことも多々ありますが、けれど、大切なことは、じつはとてもシンプル。

あたりまえのことを、あたりまえだと思えば、そこに感謝は生まれません。

感謝することがどうして必要なのかといえば、それがなければ、自分が持っているものに気づくことができないからです。

あなたの人生には、あなたに必要なことが起きています。

それは、あなたの人生に必要なものは、すでに用意されているということでもあります。

目の前にあること、起きていることをちゃんと見たなら、あなたにはあなたしか歩めない「道」があることに気がつけるでしょう。


人と比べるのではなく、あなたにしか成し遂げられない、あなたの「道」を歩む。

私はアストロロジャー（見えない気を説く者）として、この本を手にとってくださったご縁あるあなたを応援したい。そう感じて、この本を出版することにしました。

あなたが、自分の人生にＯＫを出せる。そのお手伝いができたら幸せです。

★目次

第2章

あたりまえに気づくたびに魂は成長する

第3章

才能も成功も自分自身で積み上げていくもの

第4章
人生の厄介を知ってこそ自分を理解できる

第5章
自分の気を取り戻す小さな習慣

「あたりまえ」を
「感謝」に変えれば
「幸せの扉」が開かれる

來夢的開運レター

本書は限定情報サービス「來夢的開運レター」（２００９年立春号から２０１６年立夏号まで）を大幅に加筆、編集したものです。

第1章

ご縁の展開が生きる力を育ててくれる

★星はあなたの味方――つながるものを見極める

私は日頃から、「星の情報は知っておいて損がない」とお伝えしています。「天気予報と同じで、知らないよりは知っておいたほうがいい先人の知恵」、それ以上でも以下でもない。それが、星の情報です。

雨に降られることが悪いのではありません。

雨を降らせないことがいいのではありません。

雨は降るもの。雨が降るからこそ、作物は育っていくわけです。

雨に濡れないのがいいわけではありません。

雨が降るかもしれない。だとしたら、外に出るのをやめるのか。傘を持って行くのか行かないのか。それを選ぶのは、あなた自身だということです。

天気予報も星の情報も、どう受けとるかで、その価値は変わります。

「占いは自分に都合のいいものだけを信じる」という人がいますが、それは、ある意味で星の情報を正しく受けとっているといえます。

星の情報は、自分の気持ちに応じて使い分けていくことです。

そして、それは、いつも、あなたの味方です。

常に自分の味方がいてくれると思って、それを受けとることが大切です。

性分として「繊細《せんさい》な人」と「鈍感《どんかん》な人」という人がいます。

「繊細な人」は、人の気持ちに敏感です。だからこそ、人の気持ちがわかる。相手を守ってあげたいという気持ちにもなるわけですが、その分、不安定になることもあります。

「鈍感な人」は、人の気持ちがわからない。だからこそ安定していて、頼りになるということがあります。

受けとめ方は人それぞれだし、繊細な人は鈍感な人をうらやましいと思っているかもしれないし、鈍感な人は繊細になりたいと感じているかもしれない。

またその逆もあるよね。繊細な人は鈍感な人を軽蔑《けいべつ》しているかもしれないし、鈍感な人は繊細な人を大変だなぁって思っているかもしれない。人間は自己矛盾《むじゅん》な生き物なわけで、いつも「ないものねだり」。隣の芝生《しばふ》は青く見えるものです。

私はアストロロジャーとして、星の情報を伝えることを仕事としているわけですが、星の情報は、自分を信じる、自分を肯定するのに役立ちます。そして、それは、いざというときの後押しとなるし、転ばぬ先の杖《つえ》としての戒《いまし》めとしても使える人生ツールになるわけです。

星の情報としてお伝えするなら、いまは変貌期《へんぼうき》です。これからも、いままで経験しなかったようなことが、社会的にも、自分自身にも起こっていくでしょう。

そんな時代を生きていくあなたにお伝えしたいのは、あなた自身の「生きる力（軸）」でもって、あなたの生きるエネルギーを気持ちよくまわす、快適に燃焼させることが大切だということです。まわす＝燃焼とは、循環力。楽しいこと、楽しい人、信じること、信じる人を、しっかりと見極めて選んで、ご縁を育《はぐく》んでいきましょう。

★人とかかわることで運命は展開する

人間は独りぼっちじゃ生きられない。

人とかかわるからこそ、「運命」は展開する。

かかわる相手は十人十色、かかわり方にセオリーなんてない。

だけど、自分の命を運び、運ばれる人との「かかわり方」は、自分自身の「生き方」＝「生きる姿勢」とリンクします。

人と人がつながると、互いが蒔《ま》き散らしている種の成長過程や結果が絡《から》んできます。

だから、いつだって思い知るタイミングは、自分の蒔いた種の結果として起きています。

「あの人に会えてよかった」「あんな人に会わなければよかった」という「結果」は、あなた自身でしか感じることができない。

それは同時に、相手がどう感じているのかは、相手の判断にゆだねるしかないということです。

よかれと思って行動したことが、そのまま相手にもよいとは限らない。悪いと感じたことが、じつはよかったことになることもある。


人とかかわる限り、らせん階段を一歩一歩上るように、かかわり方という課題は続く。

自分では等価交換しているはずが、いつのまにか搾取《さくしゅ》が起きることもある。

愛を持ってかかわっていても、その愛さえも「あたりまえ」となってしまうこともある。

真剣にかかわっていたとしても、「あたりまえ」が裏と表と同時に起きる。

気持ちしだいで、裏にも表にも展開する。

誰だって「あたりまえ」が続いたならば、気はゆるむ。気持ちがゆるんでくる。

「あたりまえ」って「あたりまえ」に起きるから、気を抜いた瞬間に試される。

だから、日々起きる事象で、気を引き締める。

そうやって、日々否応《いやおう》なしに「気づく」力が問われるから、「察する力」「察知する力」

は切磋琢磨《せっさたくま》されていく。それが、本能が研《と》ぎ澄《す》まされていく過程です。

世の中の仕組みは複雑になっているようでいて、じつはとてもシンプルな仕組みへとシフトしている。これまでのあたりまえであった価値観が崩れていく流れは、いよいよ加速していくでしょう。

さまざまな環境のなかで、それぞれの価値観が活性化するから、これまでの基準値は壊れていく。それぞれの業界で暗黙のルールとされていた常識は通用しなくなるので、どこかだけが一方的に搾取して儲《もう》かる仕組みは崩壊します。

そんな偏《かたよ》った考え方に支配され、しがみついていては、本物の人間力は養《やしな》えない。わけのわからない権利だけを振りかざすモンスターたちに立ち向かうことはできません。

これまでの常識とは、エネルギーが等価交換されていないアンバランスな仕組みのこと。エネルギーは燃焼しなければ滞《とどこお》って、よどんでいきます。

世の中は利便性をめざして進むから、「あたりまえ」になじむことは大切だけど、「あたりまえ」が麻痺してしまえば、人間は横着《おうちゃく》になって、人間であるための本能は働かなくなります。

だから、自覚して「本能」を磨かなきゃ。

自然の摂理《せつり》・法則を感じとれるのは「本能」しかない。森羅万象《しんらばんしょう》を無視した「あたりまえ」では、生き抜くことはできません。

本能で感じて気づく。気づいた自分自身の生き方＝「軸」を掲《かか》げて、エネルギーをまわし、燃焼させていきましょう。

★自分の軸にそって行動していこう

京都に行ったときに、挨拶《あいさつ》に訪れた京大キャンパスに隣接している神社の宮司《ぐうじ》さんが、「試験に受かるためだけの勉強ばかりしてきた学生は、入学したとたんにダメになる。ちゃんと遊んで恋もして、日々学んできた学生は入学してから育つ」

と教えてくれました。

誰もが学べる環境を「あたりまえ」に与えられている日本という国。それは素晴らしいことなのに、それが「あたりまえ」になりすぎて、「学べる」ことへの感謝を忘れているというか、大学に行く意味さえ見失っている。学歴があっても人間力を養えていない人があふれている。いまは、そんな時代です。

一昔前までは学力をつけるということは、限られた人間だけの特権でした。だから、学力を持てる人間は先頭に立って、「働く場」をつくってきたのです。だけど今、とくにこの国は、どんな過疎の村に行っても教育は行き届いている。学ぶ機会は特別な人だけに与えられるのでなく、誰もが、それを享受《きょうじゅ》できるわけです。だとしたら、学ぶだけでは十分とはいえない。もっと、それ以上の何かをしなければ、人間力は磨かれていかないということです。

大学で何を学ぶかは通過点であって、人間である限り、死ぬまで生きること、それがすべて学びになる。「人生」は学びの宝庫なのです。

現実をちゃんと生きているからこそ、精神世界観と一体化できます。

耳触《ざわ》りのいいことを言うだけなら、誰でもできてしまえる時代だからこそ、あなたが師事する人の生き方と人間性、誰とつながっているのかを見ないとね。

自分を信じる本気の五感で、感じとってほしい。それができるのは、あなた自身の人間力で培《つちか》った本能だけです。

現実社会と精神世界を分けて考えていた時代は終わりを告げました。

あたりまえの現実を切磋琢磨して歩んでいるからこそ、精神世界観は研ぎ澄まされる。

けれども人間は皆同じ。精神世界を語る人が特別なのではなくて、誰もが特別な人なの。

なのに、特別である自分から逃げている人もいます。

逃げている限り、何かに救いを求めて依存することになります。

安心があたりまえになれば、人間は自然と横着になります。

本能は、鈍《にぶ》るの。不安や迷いや混乱があるからこそ、本能は研ぎ澄まされて、人間は成長していくのです。

自由な時代を、本気で、自在に生きる。

自分の「軸」にそって行動すれば、その「軸」は周囲を巻き込んで、世界はどこまでも拡がっていきます。

「お金」はエネルギーとして必要不可欠だけど、それは時間との等価交換でもあるから、その人にとって必要なお金は、人それぞれ、何によって「足《た》るのか」で決まる。

「成功する」といっても、誰にも共通する成功なんてなくて、自分自身の本能が求める、自分だけの成功を誰もが選べるのです。
本能を磨いてこそ人間力（霊力）は深まって高まる。
机上では磨けない。喜怒哀楽でもって体得するの。

あなた自身の核たる「軸」とは？
あなたの生きる動機、生きている糧《かて》は？
誰とつながっているの？　誰を選び、誰から選ばれているの？
あなたの生きる流れは本意なの？　不本意なの？
現在、満足している？
満足しているとしたなら、なぜ？　満足していないとしたなら、なぜ？
あなたが生息している環境のなか、選ばれたあなたと、選んだ相手との流れのなかで、
「気」は滞ってない？
エネルギーを交換してる？　それは、循環してる？

★気になることから目をそらしてはいけない

恋も仕事も一途《いちず》に、「これぞ私の生きる道」と没頭するのは素晴らしいことです。けれど、それだって自分一人だけで生きているわけではないのだから、どんなにつまらないと思うような出来事であっても、起きたことを一つひとつつなげて、拡げて、全体を見てみるというのは、とても大事です。

そして、気になることからは逃げない、目をそらさない。気になるなら、気になってしまっているのなら、「聞く」「伝える」「やってみる」――それを怠《おこた》らないこと。

だって、そのすべてが、自分を活かすということにつながるのです。

「自分のために」していることが、「他人のため」となる循環力をつくり出します。

自分を活かせるかどうかは、やってみないとわからないから、「やらない後悔より、やる後悔」。たとえ後悔したとしても、それは経験として己のなかで力になります。

自分は、「芯」に何を求め、何を大切にして、自身の何を活かして、「行きたい＝生きたい」のか？　それを自分に覚悟することです。


つらくて苦しいときこそ、人の温かみを痛感できるものです。

人とかかわるって、喜怒哀楽の「怒哀」をかみしめた先で、「喜楽」という気持ちが心底湧くもんなんだな、と思うのです。

自分の道を貫《つらぬ》くというか歩むのって、「自分たること」をイヤと言うほど思い知らないと解《げ》せないわけで、それこそ自分の道であるからこそ甘くない。試されて試されて、これでもかって切磋琢磨して、気づいたなら磨かれていて、光り輝く高みに行けるのです。

そして、ようやく到達したかどうかでまた試されて、次なる道が開くわけで、そこに行かないと見えない景色があります。

一つ越えたらまた次と、いくつもの壁やハードルがあって、そうやって自分自身の寿命が尽きるまで、心身ともに鍛《きた》えることができるわけ。

そうして、気がつけば解脱《げだつ》へと導かれ、自分が生まれる前から決めてきた今世《こんせ》の天寿《てんじゅ》を全《まっと》うできる。それは、人間関係も含めての活き方、行き方であり、生き方につながっていくものです。

私の場合、ご縁ある方たちの成長過程を見守るということが生業《なりわい》となっていて、本気でそれは生きがいとなっています。

毎日8時間、ノンストップでセッションを行っているのですが、「そんなにして疲れませんか」とか「他人にそんなにエネルギーを注いでいたら、自分のエネルギーが枯渇《こかつ》してしまいませんか」と、よく聞かれます。

けれど、そうしてセッションをすることで私のエネルギーはちゃんと循環しているようで、疲れるということはほとんどありません。

それがどうしてなのかといえば、そうすることで、ご縁ある方たちとより広くつながることができているからじゃないかと気がつきました。

大切なご縁を育むというのは、どちらかの一方通行では成り立ちません。それこそ、お互いに、自己責任でそれをしているということ。それができていることに、私の充実はあるように思います。

思えば私は、小さな頃から一方的なのはイヤだと思って、「選び選ばれたご縁」だけを大切にしてきました。

けれど、人間関係というのは、あたりまえのように一筋縄ではいかない。どんなに気脈が通じていたご縁であっても、それぞれの人がその時々に抱えている環境とか本人の変化も進化もあるから、いつのまにか距離ができてしまうこともあります。

それを思えば、安定したおつき合いを長く続けられている人というのは、ただそれだけでも信頼に値する人なのだと強く思っています。


まだ20歳になるかならないかの頃、友人たちに、こんな話をしていました。

「いまの私たちは親の甲斐性で、同じような生活環境にいて、一緒に楽しんでいるわけだけど、ここから先は、惚れる相手も含めて自分はどう生きていくのかということを考えていかないとね」

これは、仕事でも、友人関係でも同じだよね。

どんなに違う環境にいたとしても、昨日も会っていたかのように親しくなる人もいれば、そんなに環境は変わっていないはずなのに人が変わったかのようになってしまう人もいる。社会に出てからの人間関係は、それがもっと顕著《けんちょ》で、肩書きだけの上辺のつき合いってのもあるだろうから、立場が逆転したり職種が違ってくれば、自然と疎遠になるというか、出会いと別れは頻発《ひんぱつ》するかもしれない。

だけど、自分を活かすことができていれば、大切なご縁というのは常にまわって来るものだから、直感的に「大事かもしれない」と感じた人とはつながって、おつき合いの関係を安定へと育んでいってほしい。

不安は自由への力となるけど、その反対に、安心は不自由にもつながるもので、だからこそ、なにげない日常の気づきや気遣いなくしては築けない。それは日々の努力の賜物《たまもの》なのです。

★自分の道を貫きながら、よいご縁を育んでいく

「人生って『行く』のではなくて『行かされる』のよ」という話をよくします。

自分の道は「行く」のではなくて、「行かされる」＝「行くしかない」わけ。それは「生かされる」に結びついて、だから人間は、「生きる」のではなく、「生かされている」のだと、いつの頃か感じるようになって、それは私事が仕事となった日々のセッションのなかで確信になっていきました。

「活かす」「活かされる」ということも同じで、自分自身を活用しなければ、自分の命は運ばれていきません。つまり、「運命」は変わらない。

目の前にある難題から目をそらして逃げていたら、当然その先には進めない。

どんなことにも因果があって、それは普通の生活のなかで起きるから、自分では大層な

第1章　ご縁の展開が生きる力を育ててくれる

問題ではないと思っている、あたりまえの日常にある友人関係や恋愛も同等の課題。

たとえば、いつも同じタイプの異性につまずいているとしたなら、それは自分が呼び込んでいるのです。

「男運がない」とか「女運がない」とかという人がいるけれど、何を見て「運」が「ない」と言っているのか。その基準は自分自身が決めることだから、まずは自分自身に、それを尋《たず》ねてみることです。

「どうして、自分には運命の人が現れないのか」

「運命の人と思ったのに、うまくいかないのはどうしてか」

もしかしたらステレオタイプの理想像を勝手に創《つく》りあげて、そこにはまらないから「運がない」と嘆《なげ》いているだけかもしれないし、事実「一緒にいてつらいだけ」って相手ばかりを選んでしまっていることもあります。

いつの時代も、いまの時代も、子どもを産めるのは女だけの特権ではあるにしろ、それ以外に関しての男と女の在《あ》り方というか役割というか、「甲斐性」の意味さえも含んで、価値観は多様化しているから、男も女も「これがいい」といったお手本なんてない。

考えてみれば、「自分を生きる」お手本なんて、もともとないのです。

ただ昔は、比べる対象が狭い範囲だったから、身近に「お手本」みたいなものが存在していたということはあると思います。

たとえば、「お父さんみたいになる」「お母さんみたいになる」というのが、いちばん身近でわかりやすい「お手本」だったかもしれません。

けれども、いまは、いろんな生き方があります。

職種や働き方もそれぞれなら、恋愛や結婚のかたちも変わってきました。

男が稼いで女を食べさせる時代なんて、とっくに崩壊しています。

たとえ他人から後ろ指をさされるような人でも、愛してしまったらどうしようもない。他人がとやかく言うようなことではないわけです。

いまは、「これでいい」「これがいい」といった基準は、自分で決められる。「本当にそれでいいのか」という不安はあっても、それでも自分で選べる自由があるわけです。

それが、自分の活き方で行き方＝生き方になっていきます。

★あなたを惑わそうとする言葉に惑わされない

寺社をめぐってご挨拶するというのは、大自然への感謝です。

「直会《なおらい》」は、神事に参加したもの一同で神酒をいただく行事ですが、そうしてお酒を酌《く》み交わすのは、大自然を畏怖《いふ》する緊張をほぐすことにもつながります。

それをすることで大自然と一体化したかのような気分となって、生きている自分自身にも感謝できる。神事を大切にすることは、「日常をちゃんと生きる」につながっています。

たとえば、あたりまえの話として、どんなに神頼みをしたところで悪行を積んでいたなら、運気のいいとき、悪いときにかかわらず、どこかで膿《うみ》が出るものです。

そう、「天地人」という言葉があるように、天と地と人は三位一体《さんみいったい》で、天も地も、ちゃんと人（行い）を、見ています。

星の勉強を本格的に始めた頃、それは好むと好まざるとにかかわらず、目に見えない世界を学ばなければならないといった支流でもあって、それまでの私の環境ではまったくめぐり合わなかったであろう人たちと知り合う機会が多くなりました。

そのおかげで、その頃に達成した私の日本全国制覇の旅は神様めぐりをしていたことでもあったと気づきを得たわけですが、そこで出会った人たちが、自分は出雲系とか、お伊勢系とか、アマテラス系とかスサノオ系とか、牛派とか龍派とか、というようなことを言っていたのには少し違和感を持ったことを憶《おぼ》えています。

「私は出雲系の神様にはご縁がないから」

「私はアマテラス系の人なので」

神様にも派閥というか区別があるようで、それはそれで、その人なりのプロセスなのでよいとか悪いとかではないのだけれど、誰に言われたのか、言われてなくても自分自身でそう決め込んでしまったら、枠が狭くなる、というか不自由だよな、と私は感じました。

また聖地に行くと、「メッセージが聞こえる」という人がいます。そういう力を持っている人はたしかにいます。だから、それが真実だとしても、自らがその力を活かせなければ意味はないと私は思っています。

だから、「そんなの聞こえない」という人がいても、たとえ言葉としては感じられなくても、真摯《しんし》な姿勢で訪れ、ご挨拶して、触れることで、その人（守護霊などを含めて）とはちゃんとつながって、その先に気づきや、ひらめきといった感じで受けとれたら、それでよいのです。

それぞれの力の違いは個性のようなものなので、言葉的または視覚的にわかるという人がいても、それは別の見方をすれば、その力の使い方（活かし方）を試されているわけです。だから、「私だけは特別」というふうに伝えたら、その時点で勘違いが起きている、というふうに私は思います。

その力に驕《おご》って、日常を放棄《ほうき》してしまえば、やがて光の力は失われて闇とつながってしまうでしょう。

そんな力はまったく感じなくても、神様との対話の方法は十人十色で、そのときを大切にして、日常をちゃんと生きている人には、その時々に応じて、必要な気づきが生まれるものです。

愛を語っていても日常に愛のない人、愛を語らなくても日常にちゃんと愛のある人。その行いを、天も地も、ちゃんと見ているものだから。


言葉は言霊《ことだま》だからこそ、発する言葉は選び選ばなきゃ。

気をつけたい事項としては、まずは惑わす言葉、含みがある伝え方、そして、強要するようなこと（何回行かなければいけないなど）はしないこと。

たしかにお百度参りなど、数が意味をなす祈願はあるにせよ、それは本人自身が決めてこそ成立することで、他人から強要されるものではありません。

そういったことを言う人に気をつけてほしいし、自分でも、それをしないように気をつけてほしい。

天とか地の神様の言葉は、直接的なメッセージとして来ないとしても、ちゃんと知らず知らずのうちについていて、それは、日常のなかで気づきとして得られているものです。

だから、直接的に来る人は意識して活かさないといけないし、シェアする相手も、その人となりを選ぶこと。

その見極めやスタンスさえも試されているのです。

相手が準備できていないのに一方的に伝えてしまえば、それは余計なお世話となって、その人がするはずだった経験を奪ってしまうことにもなりかねません。

しんどいから喜びが実感できて、失敗するから成功を学べる。

そのすべては生きる力となっていく。

人間は、知識より、体験してこそ、成長して生きていけるものなのだから。

★自分の環境は自分で創る、整えていける

私たちが選んで生きている今の時代、とくにこのところ噴火、竜巻、集中豪雨などが多くて、何でも「史上初」とか「史上最大」を連発しています。

けれど、それは観測を始めてからの話であって、地球という星の観点で見たなら、生息している人間としての寿命の範疇《はんちゅう》においては、いつだって「初めて」のことです。

歴史上においては、江戸時代のような「変わらない時代」が長く続いていたとしても、天変地異などは、常に突然やって来ることに変わりはありません。

私が子どもの頃、有史以後噴火していない山は「死火山」といわれていたし、だけど今は「死火山」なんて言葉は死語であって、科学とコンピュータの発達で、これまでの常識が非常識となる流れは加速しています。

それなのに、そういったことが見えていない・わからない人や、スピードについていけなくて、しかも巻き込まれて翻弄《ほんろう》されている人たちが、この国を動かしているから、それを鵜呑《うの》みにしていては生き抜けない時代へと突入しています。

ステレオタイプの「格差」「貧困」という言葉に惑わされてしまうと、生きるのはつらくなります。でも、どんな時代になっても、自分を軸とした見方・捉え方しだいでどうにでもなる。見えている・わかっている人たちは、子どもであっても真なる自由を謳歌《おうか》しています。

コンピュータは文明の利器ではあるけれど、依存してしまえば人間としての本能は鈍るばかりです。

たとえば、西村京太郎氏の小説の主人公である十津川《とつがわ》警部は、時刻表を見て犯行を解き明かしますが、それはフィクションの話でなく、事実私も地図を見て旅のルートを決めるように、その組み合わせはインターネットの検索では出てこないもの。アナログで調べたほうが自分のもっとも望んでいる最善策を組み立てることができるのです。

人間という生物の可能性について研究すること、地球という星への探求心は、人間として生まれてきた意味に値するくらい大切な誇り。それらをすべて人間が操作できると考えてしまえば、それは「驕り」以外の何ものでもなくなってしまうでしょう。

そう、誇りと驕りは紙一重。

生きるってこと自体、魂の修行として、それを試されているわけです。

私自身でいえば、本質として「明日は明日の風が吹く」で生きていたいわけで、そうして生きるには、いま目の前にある事柄から逃げて、世捨て人となればよいことです。

でも、一人で勝手に生きているわけではない。夫もいるし、現在は元気な母親も、年齢だけを見れば、天寿へと近づいているわけです。

自分の環境は、いつだって自分で創る。だけど、そこには人とかかわらないと創れないっていう現実があります。

たとえば、日々の暮らしはバーチャルの世界で生きていて、すべてはパソコンのなかで自己完結して過ごしていたとしても、その毎日の衣食住を支えている何かはあるでしょう。妄想《もうそう》するのは悪くはないけど、それだけでは今日という時間だけが過ぎていくだけで、現実は動いていきません。

日本を選んで暮らしている以上、まったく人と断絶して生きるというのは不可能ですよね。しかも、面倒なのは自分の気持ちであって、人とかかわらなければ楽ではあるけれど、誰ともかかわらないと寂しい、というのも人間の性《さが》だったりします。

人間として生きている限り、自分は自分から逃げることなどできないのだから、今日という現実を生きていくしかないわけです。

もしあなたが、どんなに忙しい日常を過ごしていたとしても、たとえば、行ける範囲でのよき方位で、せめて2時間、非日常を過ごしてみる。そうすることで、何かしらの気づきが生じて、これまでは見えなかったことが見えてきます。

自分で自分を見つめ直すタイミングとして、自分自身と向き合うことで何かを感じる。そのときに感じた自分の気持ち、ちょっとした気づきを大切にする。

風が吹く。

木が揺れる。

雲が流れて、太陽が顔をのぞかせる。

雲のかたちが変化していく。

こうした自然現象に波長を合わせるようにして注意を払う。

そうすることで、どうってことのない景色が、本来のあなたを「はっ」と目覚めさせてくれます。

それは至極当然のことであり、とても大切なことでもあります。

それを大層に受けとるのではなく、ごく自然に日常へと活かしていく。

あたりまえの毎日はあたりまえではないのだから、感謝して、あたりまえの毎日へと活かしていきましょう。

第2章

あたりまえに気づくたびに
魂は成長する

★――あなたは幸せになるために生まれてきた

「自分には関係ない」と思った事柄であっても、それを知ったからには自分にご縁があるのでは？　と、一瞬考えてみましょう。

考えること自体が億劫《おっくう》なときもあるから、気が乗ったときだけの気分しだいで構いません。アレコレ考えてみることよりも、気になるのなら、まずはその気持ちを正直に味わってみるのがいいのです。

なにかを食べたときも、おいしかったのか、まずかったのか。味わったからこそ次なる気持ちが生まれるのです。そこに出会いもあるかもしれない。それこそが、ご縁の展開というものです。

運命なんて、かかわる相手しだいでどうにでもなるし、どこにでも行く。

どこまでも上昇するし、どこまでも堕《お》ちる。

愛を持ってかかわらないと、愛されない。

ちゃんと自分を愛していないと、愛されるわけない。

だけど、その愛の在り方は常に問われる。

自分を客観視してみる。そんな瞬間をつくりましょう。

自分をちゃんと客観視するってことは、とても勇気のいることだけど、それが、あなたが、ありのままのあなたを、ちゃんと愛するってことにつながります。

誰も皆、毎日は忙しいわけで、その忙しいなかで頭を回転させて日々考えているわけだから、時に、考えることを手放す時間をつくってみましょう。

頭を空っぽにしたり、ぼーっとする時間を大切にすることで、真の自分の存在が見えて来ることがあります。

人間は慣れちゃう生き物だから、何でもあたりまえって思ってしまう心に警鐘《けいしょう》を鳴らしていきましょう。

幸せであたりまえ、不幸せであたりまえ、そのどちらの「あたりまえ」もありえない。その心への警鐘は、あなた自身にしか鳴らせないものです。

最初は感動して感謝して、だけど、いつしかそんなの当然とか思うようになって、人間なら誰しもいつのまにか慢心しちゃう。そうならない人は、それだけ自分を客観視したうえで律している証拠です。

自分を奮い起こすのも戒めるのも、自分だけにしかできない。それだから、葛藤して磨かれていくわけです。

たとえば、弱い自分を認めることって、それこそとても勇気のいること。

だけど、人間なんて所詮《しょせん》、弱くて強い。その、弱くて強い気持ちが十人十色さまざまなだけ。持って生まれた性分はそれぞれ違うし、しかも、育つ環境もあるから、先天・後天あわせて、自信家の人もいれば、自分を必要以上に過小評価してしまう人もいます。

自信も過ぎれば過信・傲慢《ごうまん》へと流されてしまうし、謙虚も過ぎれば卑下《ひげ》へと流されます。

セルフイメージは低いより高いに越したことはないけれど、心の在り方として、無理やり強くしようとしたって、それは見せかけだけであって、イミテーションのメッキはすぐに剥《は》がれてしまいます。

だから、強さと弱さは、どちらも必要不可欠なあなたの要素であって、その両方の心をあわせ持った現状の自分をどれだけ冷静に客観視できるか。どんなことに強くて、どんなところに弱くて、なんで強気になって、なんで弱気になるのか。それが、満ち足りた人生を歩むための糧となります。

苦しさとかつらさとか、寂しさとかしんどさとか、それらを味わって本物の自分。それらを省《はぶ》いてしまえば偽《いつわ》りの自分になるしかありません。

誰から見ても引きの強い人はいます。

だけどそれは、そういう人こそ、じつは「禍転《わざわい》じて福となす」を実践している人です。

一見するとアンラッキーな事柄を、その先でラッキーへと転化できる人というのは、自分に起こった不幸ごとを他人のせいにしません。

そうすることで、心に免疫力をつけていきます。自分でも気がつかないうちに、幸せ体質になっていくのです。

すべての人間は、幸せになるために生まれてきています。

幸せとは何か？

その解答は、生まれた人の数だけあります。

幸せを実感するバロメーターは、人の数だけあるのです。

気持ちを満たす基準値なんて、人それぞれで異なります。

心の免疫力もさまざまなのです。

目に見える逆境や障害なんて、その幸せを実感するために起きている課題。

免疫とは記憶だから、心が痛んだり傷つかないと免疫力は生まれてこない。

自分に起こる幸も不幸も、自身の生きる力となります。

だから、人と比べて、その人の幸せをめざしても、測っているのは自分の心のものさし

だから、いつまでたっても、たどり着くことはできません。

たとえ同じところにいるように見えても、幸せを感じることはできないのです。

けれど、それさえも、人とかかわらないと見えてこないし、たどり着けない。人とかか

わらないと生命力とつながる心の免疫力はＵＰしないし、運命なんて展開しない。

人とかかわればかかわった分だけ、どうしたって喜怒哀楽が生まれ、それだけ揺れる心の状態になります。

だから、面倒だよね。だけど、面倒だからこそ、心に力がつき、その先には喜びが待っているのです。

★——ありのままの自分のリズムで生きる

私なんて、生きていること自体が面倒くさい。

もちろん、毎日楽しい。満たされているって感じる。幸せだなって、しみじみ思える瞬間もある。心底感謝している。

だけど、やっぱり面倒よ。というか、自分のことは大好きだけど、人間って厄介《やっかい》な生き物だと日々思う。「めざせ即身成仏《そくしんじょうぶつ》」と願いながらも、煩悩《ぼんのう》の渦のなかでおぼれそうにもなるわけ。

ホント、人生は短かったら楽だよね。それが許されていない人生は長いから、どんなに面倒でも寿命が尽きるまで生きるのは宿命。どうせ面倒な人生なら、幸せ体質で生きたいと思いませんか。

第2章　あたりまえに気づくたびに魂は成長する

人はそれぞれ、性分も価値観も違うから、それを認めて扱うことが大切です。それが自分としての、幸せ体質をつくっていくことにつながります。

たとえば、いくら健康を追い求めても、それを指導している先生のリズム＝性分や価値観や世間一般の標準的なリズムと、自分のリズム＝性分や価値観が合わなければ、バランスを崩して不健康を呼び込んでしまったりする。

所詮、無理したって無理。健康のリズムは人それぞれなんだから。

あなたにはあなたの季節があるように、あなたにはあなただけのリズムがあります。

ありのままの自分のリズムで生きるには、それを扱う体質が大事。

基礎体力が万全なら、時には毒も免疫力アップへの原動力となるし、自分のなかで解毒（デトックス）もできちゃう。

基礎体質が万全であれば、ありのままの自分の性分を、よいも悪いもひっくるめたうえで、自分を愛《いと》しいと感じられます。

性分は十人十色で万全はないのだけれど、体質は万全かそうでないかの2通りしかない。

万全なる幸せ体質か、そうでない不幸体質か。選択するのは、あなたです。

幸せ体質とは、自分に起きる現象のすべては必要事項と感じる。
不幸体質とは、なんで私がこんな目に……と感じる。

幸せ体質とは、自分がちゃんと見えていて、素敵な人を素直に素敵と感じる。
不幸体質とは、自分が見えていなくて、素敵な人を否定する。素敵だと感じている自分を認めず、妬《ねた》み、やっかむのです。

幸せ体質とは、自分の価値観を知っていて、それでいてそれを人に強要しない。他人の価値観も承認できる。
不幸体質とは、自分の価値観がわかっていないのに、その場しのぎの価値観を相手に押しつけ、他人の価値観は一切認めようとしない。

幸せ体質とは、来るものは拒《こば》まないし、去るものも追わない。相手を尊重し、自分に後悔のないよう、気持ちを正直に伝える。

不幸体質とは、来るものにも去るものにも、一方的な気持ちを抱き、恨《うら》み、つらみ、または固執《こしゅう》・執着する。


人間なんて皆、身勝手というかワガママな生き物で、それ自体を反省したり、改善したりする必要は、私はないと思う。また、それをしようとしても、うまくいかないことが多いでしょう。その意味で、人はなかなか変えられないのです。

だから、地に足つけて生きていればいるほど、日々の日常で起こる感情は揺れて当然なの。ここで大切なのは、揺れる自分にダメ出ししないこと。

感情は揺れるものです。それを知らないでいるのは怖い。

知らないから、ブレる。

無自覚は罪を生む。

無邪気という名の、無神経者となる。

このことを知っているかいないかで、生息範囲が決まってしまう。つながる相手を見誤ったなら、時代錯誤《さくご》の、悪を善とする真っ黒な輩《やから》に飲み込まれてしまう。
上がっていくのか、堕ちていくのか。

幸せ体質なら、どんなに揺らいでも、そのポイントに気づくことができます。

だけど、この境界線はとても曖昧《あいまい》で、白でも黒でも踏み込んだ先で、白が黒になってしまう場合もあるし、混ざり合ったグレーもあるし、強靭《きょうじん》なる真っ黒もある。

ちゃんと客観視できないと、取り返しのつかない流れへと巻き込まれてしまう。

だから、たとえ今が万全な幸せ体質であっても、体質維持はあたりまえの日常の生き方とリンクするから、自分だけは特別なのだといい気になっていたなら、大切なものを見失い不幸体質へと陥《おちい》ってしまう。

とどのつまり、心のチューニングを怠らないこと。

幸せ体質を維持する努力を忘れちゃいけない。

どんなに小さなことであっても、「与えるからこそ、いただける」という循環を起こしていくこと、起きていくことを意識していきましょう。

★毎日の暮らしに自然のリズムを活かす

今この時代にご縁を育めている私たちのルーツは、たどれば古来から「冬至」「夏至」「春分」「秋分」での、太陽や月の位置を見て、さまざまな儀式や生活の糧となる作物などの時期を計り、暮らしに活かし、生きるための手段＝目安として活用してきました。

「冬至」の日から日脚が延び、その真逆の「夏至」は、一年中でもっとも昼が長く夜が短くなる日。「春分」と「秋分」は真逆で、地球上の昼夜が等しくなる日。

ところで、いまでは「旧暦」といわれる「太陰暦」が、日本では江戸時代まで使われていました。そして、月の運行と太陽の運行をもとにした黄道上を24等分に区分した季節を知らせてくれるポイントとされたのが、「冬至」「夏至」「春分」「秋分」を含む「二十四節《せっ》気《き》」といわれるものです。

「二十四節気」は、12の「節気」と、12の「中気」を合わせたものをいいます。

「立春」「立夏」「立秋」「立冬」を含めた12節気は、1年間にある四季の始動ポイントとして、中気である「春分」「夏至」「秋分」「冬至」は、地球上の氣（エネルギー）の切り替えポイントだと私は伝えています。

西洋占星学では、その専門家のほとんどが、春分の日のホロスコープ（春分図）を作成して、その年がどういった年になるかを予測しています。

私も、春分図と秋分図は、その年の星の情報を発信するための大切な指針の一つとしています。

だから個人でも、一つの目安として、「冬至」から2月の節分に向けては、これまでの1年を振り返って承認と反省することをすすめています。

次の、「立春」からの新しい季節を感じて、「春分」で前半戦の動機や目的の軌道修正をして、「夏至」に向かって進む。

「夏至」には、前半戦すべてを振り返って承認と反省をして「秋分」に向かう。

そして「秋分」に、その年の軌道修正と後半戦に向かう動機や目的を再確認して、その年の回答への到達点である「冬至」に向けて悔いなく臨む。

自然の暮らしのリズムと、あなた自身の生きるリズムは、あるがままにリンクします。

現在の私たちは、1月から始まるカレンダーで統一された生活が日常の共通言語であるわけですが、それをやめようとか、そういった観念をお伝えしたいということではありません。

与えられている今のあなたの生活のなかで、「春分」「夏至」「秋分」「冬至」の4つの「気」のポイントで自分自身をセルフチェックしてみてください。

太陽と月、そして地球は、宇宙（星）の一つ。

地球に生きている私たちは、存在そのまま宇宙（星）の一部として呼応します。

二十四節気は、それを感じるポイント。

科学的な根拠とかそういったこと関係なしに、科学も日進月歩だし、何が絶対とか信じるとか信じないとかでなく、事実目に見える現象として、毎日太陽は昇っては沈んで、月の満ち欠けも実際に目に見えます。

どんなに都会の真ん中のコンクリートジャングルに住んでいようと、冬至を過ぎれば日が長くなるし、夏至を過ぎたなら日は短くなっているってことは、実感できるはず。

本来の夏のお盆やお彼岸に行うお祭りの意味は、自然を敬い、自然の恵みのなかで暮らせる日々に感謝して、豊作や大漁を祈願し、尊い先祖の魂を迎え見送る弔《とむら》いのため。

花火も同じ。それは日本各地に根づいていているかけがえのない文化であって、地域のコミュニティー、一人ひとりに問われています。

伝統文化を継承するといった大層な言葉を使わなくても、年に一度のお祭りを慈《いつく》しみ、自然に感謝して、楽しむことで担《にな》い手の一人となり、使命の一つを果たすことになります。

毎日の暮らしのなかで、無理して取り入れようって話ではなくて、肌で感じて気持ちを切り替えるポイントとして活用してください。

★あなたの「あたりまえ」に運はついている

「占い」が好きな人は、たいてい「いい時期」を知りたがります。

だけど、私からしてみれば、あなたの気持ちしだいで、毎日がいい時期といえます。

自分自身が「よい」と感じる日は、誰がなんと言おうと「よい」のであって、それ以前の「毎日」という日常に、意味があるわけです。

ただ、その「毎日に意味がある」と本気で感じることができるかできないか……ここが重要なの。

たとえば指針が見えないと、「意味なんか考えるから混乱する」ってことにもなる。だから、もしもその日がよくない日だとしても、どこに光をあてた（どの視点でもっての）「悪い日＝よくない日」なのかを見てみることです。

いつがいいとか悪いとかという捉え方ではなくて、あなた自身がやりたくないと感じた日が「悪い日」とされていたら、なにもそんな日にやらなくていいのだなと捉えればいいし、だけど、自分の運気によっては、「しんどい」と思いながらも、それをやらなきゃならない流れ、やったほうがいい流れもあります。

その情報をつかんでさえいれば、苦労は買ってでもしたほうが「いい時期」であると捉えることができるし、意気揚々《いきようよう》と「しんどい」に挑める。そこのところが星の情報は「知っておいて損がない」ということにつながるわけです。

地球から見た月に満ち欠けがあるように、私たちの気持ちにも満ち欠けがあって当然。一年中が満月であることがないように、死ぬまでポジティブである、なんてない。時にネガティブな感情が湧いてくるから、ポジティブになろうと考えるわけだし、ポジティブでありつづけようなんて心がけは素晴らしいけれど、それに縛《しば》られてしまったら、人間は機械にはなれないのだから、押しつぶされて身がもたない。

根っからポジティブな人っていうのは、それは天然なる性分であって、いいも悪いも、

「あるがまま」って人。だから、問題やアクシデントが起きても、凹《へこ》まない。そういう人を、うらやましいと思う人もいるでしょう。

そんな人間にはなれないとしたら、できるだけ、ネガティブなことから離れていたいと思うのが人情。けれど、無人島に住んでいない以上、まったく人とかかわらないでは暮らせないし、人とかかわらないと喜びも感じられないし運命も展開しない。

人生に波がないというか、気持ちが揺れないなんていうのは退屈なの。一人って楽だけど、ホントに独りぼっちだと生きる価値がわからないのでは？　っていうか、生きている意味すら、わからなくなると思う。

さまざまな価値観を選べる時代、だからこその時代変貌の流れのなかで、「どう生きるのか」ということを自分に問うていくのでしょう。

ある人が、「難題のない人生は無難な人生、難題のある人生は有り難い人生」と言っていたけれど、たしかにそう。

人間は常に試されて、相応に器が大きくなっていく。

乗り越えられない難題なんて来ないから、乗り越えなくちゃ、そこにとどまるしかないわけだし、乗り越えることを決めて生まれてきているのだから。

心的ストレスも人間力を磨くため、ネガティブなつらさを味わってこそ、それは心の免疫力となります。

競争したからこそ気づける（築ける）、自分の等身大の生き方。

権利を主張する前に、あるがまま普通に捉えてみましょう。

モラルを無視する人たちは、普通に見る感覚が麻痺してしまう。だから、ちょっとした気のゆるみ（心の隙間）から、とんでもない転落が起きることもあります。

「転落」っていうのは、たった一つボタンを掛け違えたばかりに……みたいな他愛ない出来事から始まって、次々と「堕ちる」方向へと転んでいくの。

気がつけば「こんなはずではなかった」といった具合に流れていく。

たとえばそれはオセロゲームみたいに、次々と白に変えてきたとしても、心の隙が黒を呼び込んでしまったばかりに、その一つの黒から次々と白は黒へと変わってしまう。

それは友人との関係もそう。

あなたの心の隙に、はずしちゃいけない相手を見誤れば、かけがえのない友人を失って、とんでもない相手と出会ってしまう。

いつだって、あたりまえの日常でのあたりまえの心持ちしだいで、どちらともつながるの。

だって、あたりまえって、とても大切なことだから。

あなただけが歩むあたりまえの道がある。

あなたの「あたりまえ」に、運はついている。

そのあたりまえの積み重ねから、もともとついてる運に更なる運がついて来て、あなたの運はどんどん大きくなっていきます。

これは、プラスマイナス両側で起きること。

そう、気のゆるみ＝心の隙間しだいで、運が上昇するのか下落していくのか……。

ここで間違えてほしくないのは、気のゆるみ（心の隙間）が悪いのではなくて、あたりまえに感謝してこそ生まれる気のゆるみと、あたりまえに慢心しての気のゆるみとでは、天と底ほどの差があるってこと。

だからこそ、つらくても楽しくても、すべてをひっくるめたうえで、あたりまえの毎日は生きる魂の修行となるわけです。

繰り返しになりますが、人生は行くのではなくて、行かされるもの。

「やるだけやったら天に問う」

あなたの未知が、あなたの道であれば、いまは真っ暗闇でもその先に光が射してくる。

誰かに一方的に何とかしてもらうのではなくて、つながっている人たちとはちゃんと等価交換する気を持って、よいご縁を育み、自分の力を信じて、自身の足で歩んで、自分の未知なる道を展開させていきましょう。

★あるがままを受け入れて生きる

私自身、この時代に生まれてきたことに本気で感謝していて、だから、たとえ人から見たなら、どんなにつまらないことであっても一瞬一瞬を大事にしています。

ご縁ある人の生きる行き方と成長を日々応援して見守るということは、人それぞれに展開していく道なので、時に胃が痛くなることもあるけれど、かかわる人なりのさまざまな課題を一つひとつクリアしていく過程は圧巻で、自分事以上にその達成感が嬉しくて、だから、一緒に年を重ねながら喜びの美酒を味わえるとき、とても幸せだなって感じています。

そんな私のご縁のある人の一人で、20年来のクライアントの女性がいます。彼女が初めて私に会いに来たときは恋に悩む一人のＯＬだったのだけど、サターンリターン（土星回帰）を逃げずに乗り越えて恋も仕事もみるみる展開していきました。

「サターンリターン（土星回帰）」とは、土星が生まれたときの位置に戻ること。土星の公転周期は約29年で、誰でも30歳前後に最初のサターンリターンを迎える。よくないことが起こりやすいと捉える人もいるけど、一概にそうとは言えず、人生の現実を突きつけられる時期と考えれば、悪いことばかりとも限らない。

彼女は、「常に最悪の事態を想定したうえで最善を尽くす」といって、仕事も自分に与えられている使命以上の有言実行を果たして、出世への階段を着実に上ってきました。

たとえば、翌日早朝から仕事相手とゴルフの予定があったとして、だけど、その前夜も違う仕事先とのお酒の席があって、たとえそれが朝までかかったとしても、自分の役割を自己責任でもって遂行する。彼女からしてみたら飲むこともゴルフをすることも生きる一環であり、本人は心底楽しんでいる。だからエネルギーは消耗しないし、心身の疲労もない。その私事は仕事に活かされて、会社にも大きな利益をもたらしました。

そう、お金と時間はエネルギーだから、法人からいただく対価をキッチリと等価交換し、自分と会社とで気持ちよくエネルギーを循環させています。

50歳を過ぎた今も、そのタフさは勢いを増して、相変わらず朝まで飲んでも何事もなかったかのように、皆勤で自分の稼動責任以上を果たしています。

あるがまま素直にエネルギーを燃焼している人って、いつまでたってもタフなんだよ。

ここで間違えてほしくないのは、出世することが偉いとかそういったことをお伝えしているわけではなくて、それは、職業の選択とかにも関係なしに、自分の報酬分の労働を実際に行っているのかどうかが大事で、働くことは自分を生きることなんだということです。

「サラリーマンは気楽な稼業」と謳《うた》われていた時代を経て、いまは労働賃金が下がっているというけれど、お金と時間はエネルギーとして、正等評価になってきているのだと感じています。

雇用する側も、される側も、エネルギーの交換で循環して、自分の環境をつくっていく時代。それって、決められた枠のなかから自分しだいで、いつでも飛び出せる自由な時代へと進化しているってことだと思うのです。

就職さえすれば、会社に行きさえすれば、ただそれだけで賃金がもらえるって仕組みは終わったんだよね。

年功序列で収入が上がるっていうのも、長く勤めないと職人としての腕が上がらないといった理由や、そのことに価値を持つ昔ながらの仕組みを貫いている法人はあるわけで、だけど、どちらであっても、ただ長くいればいいやと思っているような人に長くいてほしいわけではないというのは、あなたが経営者でなくてもわかるでしょう。

ライフスタイルの自由化と比例して、雇用体制も多様化しているからこそ、賃金以上のエネルギーを注いだならば、それはちゃんと、それ以上になって、その先で、自分へと還《かえ》ってきます。

同じ時代を生きていても生まれた環境によって、自分のエネルギーの使い方というのはさまざまだよね。

お釈迦《しゃか》様が悟りを開いたという仏教の聖地、インドのブッダガヤに行ったことがあります。それが私には初インドだったのだけれど、噂では聞いていた物乞いする人たちの、しぶとく強い逞《たくま》しさに驚きました。

インドという国はカースト制があるから、ほとんどの人は生まれた瞬間に生きる環境が決まっちゃうという。そのなかにあって彼らは気迫というエネルギーでもって稼動しているのです。

どれだけ気持ちが揺らいでも、今日という日は容赦なく過ぎていきます。「自分たる」なかでの、想像以上を想定して行動するしかない。いつだって自分は自分でしかなく、あるがまま自分であるのならどんなときも惑わされない強い気が持てる。相乗《そうじょう》（生）する人たちとつながり、今日という日を思う存分、悔いなく生きるのです。

世の中の流れに乗れる（自由を楽しめる）人と、流れに乗れない（不自由に苦しむ）人との差は、ますます拡がっていきます。

いま「わかっていない」人は、ここから先、いつまでたってもわからないと思う。なんとなくでも、「自分が生きている時代こそ自分のためにあって、自分自身で定めてきた生きる環境」だということに気づいていきましょう。

★——どんな苦難も
きっと乗り越えられる

よく「運命の人」とかっていうけれど、瞬間に察知してそう気づける人と、あとから察知して気づける人とがいます。

恋をすると何も見えなくなってしまう。とにかく突っ走ってしまうから、気がつくと身勝手になっていたりします。

「はっ」と気づいたのなら、そのときの自分の気持ちを素直に伝える。それでダメなら縁がない。運命の人とのかかわりは、山のように、そういったお試しがあって、それぞれが、さまざまに何かしら苦難による苦行を乗り越えたからこそ、運命の人なの。

うらやましいと感じるカップルには皆、それぞれ相応の課題があって、うらやましいと言われるまでの道程《どうてい》には山あり谷ありなわけ。

また、何の障害も問題もなく結婚したカップルには、その先の過程で山あり谷ありが待っている。

自分の目の前で起きている事柄に対して、何の努力もしないで放っておいて、その結果として離婚となった場合、また同じ事柄を繰り返す。「生きる」って容易《たやす》いことではないから、運命の人とのつながりも、容易いわけがない。

人それぞれに「生きる」課題があるから、目を背《そむ》けたり逃げたりしたなら、そのときは何とか切り抜けられたとしても、その先でもっと大きな課題へと膨《ふく》らんで試される。「乗り越えられない苦難は起きない」って言葉は、慰《なぐさ》めでも励ましでもなくて、真理。

たとえば「これが私のやり方ですから」と言って、それで行けているなら、それはたしかにその人のやり方なのだといえます。だけど、それでは通じないことが何度も起きたなら、それは「やり方を変えたほうがいい」という合図なわけ。

ここで間違えてほしくないのは、「これまではそれでよかったけれど、ここから先は通用しない」って合図もあるし、「そのやり方自体が違うでしょ」って合図もあるってこと。

よく「メンター」って言葉を使うよね。もちろん、生きる指針となるようなメンターを探そうと志す行動は素晴らしい。

けれど、生きる道において「いい」も「悪い」も背中合わせにあるから、自分がかかわるすべての人は「自分を生きる」につながるメンターなのだと私は思います。

自分が師事する成功者が実行してきたことの話を聞いて、気持ちを奮い起こしたり刺激されることは大切なことだけど、ちゃんと感動しているのかどうか、自身の心を探らないと、自分の運へと活かすことはできません。

本気で感動したなら、真似した行動でも自分の力になる。だけど、他人事として真似している限り、それは真似でしかなく、偽りの自分を誇大し、本音と建前が増長するばかりになってしまう。それでは、いつまでたっても自分の力にはならない。

価値観は人それぞれだから、自分とは違う人を「すごい」と感じて見習うことも必要だけど、その先で、自分にはあてはまらないし、向いていないってわかるときが来ます。

そこで「所詮無理」って察知する気づきは敗北ではなくて、それこそが素。その経験を力とした行いは、いずれ自分だけの芯＝真なる勝利へとつながっていきます。

上昇展開している経営者は、子どものようにあるがままワガママな人が多い。ワガママな人というのは、確立した自分の自然体＝素で生きる自分を楽しんでいると言い換えることができます。

そうなるまでには、傍《はた》からではまったくわからない、それ相応の喜怒哀楽での苦労があったことは想像に難くない。でも、そこから逃げなかったからこそ、いまに至っているのでしょう。

稼動するって、その人が生きてきた対価だから、たくさん稼いで健康に生きていけている人というのは、本当によく働いていています。頭も身体もちゃんと使ってお金も時間も気持ちよく燃焼していています。

一朝一夕では、エネルギーはまわらない。

毎日の「行」の積み重ねが大事になる。

セミナーに通ったり本を読んで学んだり、向上心は大事だけれど、それは実行しないと意味がないものになってしまいます。

大層でない、あたりまえの暮らしのなかにおける日常での行い。

当然、日々人とかかわっていれば気持ちは揺らぐ。

上がっているときや落ちている気分のときもある。

そこで「察知」して「気づく」か「気づかない」か、自分のそのときの行動が、自分の道をつくるのです。

なにげなく「ふっ」と浮かぶこと、それこそが気づき。その気づきに素直に行ける（行う）かどうか。

「気づいたときには、もう後戻りができなくなっていた」

という人がいるけれど、気づいたときに、気づいたのだから、気づけたのだからこそ、そこで素直に行動したなら軌道修正は利《き》くし、道は変えられます。

それはとても勇気のいることでもあるけれど、これまで行ってしまったことは消せない。

それゆえに、察知して気づけて、そこから、いままでとは違った行いができるのです。

★今日の生き方が明日へとつながっていく

新しいことを試みてみようと感じたときは、何かしらの必然が重なって起きています。だから躊躇《ちゅうちょ》することがあっても、それに気づいたときに生まれた動機に基づいて、いくつかのルールを自分なりに決めて、始めてみることです。

その行動した先で起きる現象に、ありのまま、柔軟に対応しながらも自分なりの大義を無心で貫いているうちに、それは心身の鍛錬《たんれん》にもつながって、その「行」をしている意味合いが自分なりにわかってきます。

いま現状で起きている自分の流れをどう捉えるかというのは、自分の直感でしか決められない。人間は慣れちゃう生き物だからこそ、それは自分にしかわからないことであり、自分の気持ちをコントロールすることや戒めることは自分でしかできないから。

たとえば、気がまわっているいい状態のときのことを「いい気になっている」という戒め的な言葉としても使うように、自分の気持ちが乗っているときこそ気がゆるみ、隙もできやすくなります。

「いい気になっている」のかどうかを測れるのは、自問自答できる自分しかいない。

生きるって十人十色さまざまで、その人生は儚《はかな》く短くもあり、果てしなく長い旅でもあって、常に一期一会《いちごいちえ》。そう潔《いさぎよ》く生きていたいし、だけど明日世の中が終わらない限り、当然今日の自分の生き方が明日の自分へとつながっていきます。

だから、たとえば心理学的なテクニックで、自分のそのときの気持ちを一時は操《あやつ》れたとしても、それだけでは日常のすべてへの応用は不可能だし、根本的な持続はしないよね。

私は気がついたときから「元気な子」と言われつづけていて、「來夢さんてタフですよね」と、いまも常に言われる。なかには「ホント丈夫ですよね」と、女性としては複雑なお言葉もいただいて、これまでどれも嬉しいとかって思ったことはなかったけれど、近頃「丈夫も才能の一つ」と考えられるようになりました。

クライアントに経営者が増えた頃から、「どうすればそんなに元気が保てるのか？」といった質問、とくに40代から50代の人からの「健康」への相談が多くなってきました。

そんなときは、いつも天王星の公転周期を人の一生にあてはめて、話をしています。

天王星の公転周期は約84年なので、「自分の人生を84年として、元気に生きられたらそれでいい」と考えた場合、それを山登りにたとえています。

そうすると42歳から48歳くらいまでがピークポイントとなるわけ。

だから、42歳は厄年といわれているけれど、それは禍が起きることではなくて、頂上への到達ポイントをさしています。

山登りをしている人は理解できると思うし、そうでない人も想像してみてほしいのだけれど、頂上をめざしているときって気合いで登れる。問題は下山で、遭難はたいがい下山のときに起きる。けれども、風景を楽しんだりする余裕も、下山のときに生まれる。

そうなの、無理や無茶が利くのは42歳までであって、それまではどれだけ睡眠時間を削っても、暴飲暴食を繰り返していても、意地や根性で乗り切れる。

だけど、そこから頭と身体の調整を図《はか》っておかないと、元気に下山できなくなる。50代からをどう充実させて生きていけるかは、ピークポイントの過ごし方で決まるのです。

あたりまえな話として健全な精神は健全な肉体に宿るから、自分があたりまえにしている生活習慣を普通の目で見てチェックしてみてください。

それと、自分とご縁のある「元気だな」って感じる人の日常や食生活を徹底的に聞いてみて、自分と比べたり参考にするのもいいかもしれない。

もちろん、人それぞれ自分に合ったリズムがあるわけだけど、自分とご縁ある人とを比べてみて、そこで自分のことが理解できる場合もあるから、あなたが普通に見て「健《すこ》やかな人」と感じる人の「あたりまえ」を聞いて、「いいな」と感じたことは自分の日常にも取り入れてみましょう。

あなたとつながっている人が活用していること、あたりまえに使っている日常品や調味料、水やサプリメントなどの栄養補助食品なども、それを聞いて試してみる。それが、あなた自身のタイミングでもあり、それはたとえば民間療法のように、あなたにご縁ある効果ありのことかもしれないから。

第3章

才能も成功も自分自身で積み上げていくもの

★自分自身をどう活用していくか

いま生きている時代、それは自分自身が自分のために選んだものです。

あなたも私も、自ら選んで生まれてきた日本という国は、世界中のどこを探しても、こんなに自由で暮らしやすい国はないでしょう。それなのに、その自由さに気づけない人が、とくに最近は多くなっているように思います。

いつの時代にも、自分自身の問題を社会や親のせいにする人たちは存在しているけれど、生きている時代も親も兄弟も、当然自分が選んできているわけで、その環境でどう生きて、自分なりにどうしていくか、そのすべてが今世の自分自身の魂磨きとなるのです。

人間として生まれてきたからには、誰にだって幸せになる権利というか、それを求めて生まれてきているから、自分なりの自分たる幸せがあります。

自分で選んできたからこそ、そこからどうするのかが自分の生きる道になる。だから、誰とつながるかが大切なわけ。

時間が加速している時代を生きているからこそ、価値観の多様化は止まらない。

それを社会や親のせいにしている限り、自分の道は先へと進まない。

ニュースでは連日のように親の子殺しや子どもの親殺しが伝えられていて、その動機のほとんどは国から支給される何かしらの手当て目的だといいます。

それは、まるで対岸の火事のように大きな話題に上ることはなくて、なんだかんだ言っても、なんとなく生きられちゃうから、そうした問題はいつも他人事で片付けられている。とりあえずは、片付けているように思える。けれど、こんな時代だからこそ、ちゃんと生きたいと思いませんか。

人生は「行くのではなくて行かされる」。それは「活かされる」でもあり、「生かされている」ことでもあるとお伝えしているように、あなたも私も「行く」「活かす」「生きる」しかない。

自分自身を活用していくことが、生きること。

それが運を「つかむ」とか、運に「乗る」といった力になります。

「磁石力」というか、マグネットのように、いい「気」や「人」や「タイミング」を引きつけたり、「引き寄せる力」とは「自分の生きる力」と比例していくものです。

人生の流れのなかでは、ツイてるとき、ツイていないときというものが、どうしてもありますが、その「引き」を持続させる力というのは、生きる行いがものをいいます。

「引き」の強さのある人は、「人に優しくて、ちゃんと厳しい」をあたりまえとして生きている人。

人とかかわらないと「運命」は動いていきません。だから直感的に、「大事かもしれない」と感じた人とはちゃんとつながって、その人からのアドバイスには耳を傾けて実際に試してみて。

あたりまえの毎日での人とのかかわりは、自分へと還ってくるものです。

★引き寄せるだけでは本当の力にはならない

その人の存在自体が元気の源になる、というか活躍を見ているだけで魅了されて、「私も」って気持ちになれる相手がいるって、素直に嬉しいよね。

また、尊敬するとか触発されるとか、「こうありたい」と思える人が、身近にいるって素晴らしいことだし、自分を生きるうえで大事な糧にも、礎《いしずえ》としての鍵にもなります。

だけど、多くの人が間違えてしまうのは、その人の「いま」だけを見ていることです。

その人を指針にしたり、目標にしたりするというのはいいのだけれど、一足飛びに、その人のいる地点まで上れるかといえば、そううまくはいかないでしょう。

あなたが憧れているその人も、最初は、いまのあなたと同じような場所にいた事実を知ることです。そこで、その人がしたことを学ばなければ、目的地に到達することはできないでしょう。

間違えてしまう人の大半は、それを見ようとしていないわけではなくて、そのあたりまえな現実に気がついていないだけです。

人生も階段と同じで、一歩ずつ上っていかなければならない。

一つひとつ自分にできることから始めていった先で、きっかけに気づき、チャンスといったご縁が来たと感じる。また、チャンスが来るのに気がついたからこそ、きっかけのご縁を感じる。

はしょっていると気がつけないし、たとえご縁があったとしても、それは一過性で終わってしまうものです。

世の中には成功への近道を教えてくれるようなハウツー本がいくつもあるけれど、その容易さを謳っているのは一時だけの「標識」みたいなものであって、人生への確かな「道標」とはならない。

たとえば才能って、ある日いきなり身につくものじゃなくて、気づいて育てていくもの。

だから、最初から感じて育てることができる才能もあれば、育てていく道程のなかで導かれていくように成長していく才能もある。

それと同時に、どんなに自分では自分に才能があると強く思っていても、人からの評価を求めているのであれば、それを評価してくれる人がいない限り、才能とはいえないよね。だから、自分には才能が「ある」のか「ない」のかというのも、「幸せ」と同じ解釈でいえば、「自分自身で感じる」もの。

なのに、他人からの評価を求めるのであれば、それは才能のあるなし以前の話であって、「評価してほしい」ってことが目標になってしまっているわけです。

不思議なもので「人から認められたい」って声高に言っている人に限って、身近な人を大切にしていない。自分の環境というか小さな世界をないがしろにしている人が、大きな世界で突然、脚光を浴《あ》びたりはしない。

けれど、認められてから、自分の才能に気づく人もいます。

前人未到《ぜんじんみとう》の世界を切り開くのでなければ、それまでかかわっていた人たちとのあたりまえの日々の自分の振る舞いは、「行」となって自分に還ってくるのです。

なにげなく使っている言葉や、とくに今はインターネットでどんなことも書き込めるから、自分のことだけしか考えずに、あせって即効性を求めてテクニックだけに頼っていると、一瞬は効いたようでも、それは劇薬のように、何かしらの副作用が生じる。

引き寄せるだけであればテクニックで通用するのかもしれないけれど、引きつける力のある人は、一朝一夕では築くことなどできない人間力の賜物として、その力を発揮できるのです。

★最善を尽くした後は天の采配《さいはい》にお任せする

自分の人間力を育てるのって、自分で自分の気持ちをどう扱うのかと比例していて、気持ちって波のように日々揺れ動くものだから、大きな波に乗るためには、小さな波をいくつも越えて鍛錬されていないと乗れない。万が一、乗れたとしてもバランスを崩して大怪我する怖れだってあるし、いつも一定ではいられない。

「毎晩毎晩違うのが最高のロックンロールバンドなんだ。波があるに決まってるんだ。そうじゃないと味気ない、ただの直線だよ。心電図みたいなもので、直線だっていうのはつまり死んでいるってことなんだよ」

って、これはローリング・ストーンズのキース・リチャーズの名言なのだけど、たしかに「生きる」って直線のように一定でありつづけるのは不可能だよね。

気持ちのことだけでなく、日常のセッションでのなにげない会話のなかで、私個人としては意識してないから「はっ」とするというか、頭ではわかってはいても、今更ながらに「思い知る」ことがあります。

その一つに女性の風貌《ふうぼう》と出産があって、これは、女性性とか男性性とかって性質的な話ではなく、生物としての話なんだけど。

女性の年齢が若いときは、何もしなくても何の問題も生じなかったけれど、いつのまにか白髪とかに手を加えなければ、「疲れている」とか「貧乏たらしい」などと言われちゃうのが現実なんだな、と、そんな話題が出るたびに「なるほど」と衝撃を受けます。

年を重ねれば、生き方がそのまま顔に出るのは当然だとして、生物としての「男性」って、化粧をしないから「素」が問われるけれど、生物としての「女性」は、「素」だけでなく、化粧をするしないを含めたうえで、メンテナンスしているのかどうかまでも含まれて問われてしまう。

しかも、生物としての「女性」は、日進月歩で医学が発達していても出産時期には限りがあります。もちろん、いまの時代は昔と違って男性に原因がある場合も多いのだけれど、そういった夫婦間の話ではなくて、生物としての女性は出産時の年齢域には制限があるという話。

子どもを持つことについては、計画を立てたうえで無事に授かる人もいれば、無事でないこともあって、どんなに望んでも難しい人もいるし、なのに、子殺しの事件も絶えない。人生って、生まれてきたときの性別を含めて、見方によってはとても理不尽で、不公平だと思う。だけど、何を基準に公平と考えるのか、ということもあります。

生きている私たちの環境が十人十色違っているように、魂も十人十色だから、己に挑むことは大切ではあるけれど、最善を尽くした後は天の采配に任す。それは諦《あきら》めというのではなく、そういった潔い見切り時を持つ、ということが大切なのでしょう。

どんなに時代が変わっても、あなたの好むと好まざるにかかわりなく、あなたの人生は年を重ねて過ぎていきます。

今世の自分が生きていくなかで芽生えた「意思」があるけれど、魂が持ってきている「意志」もある。それぞれに成し遂げる課題があるわけで、その折り合いをつけるのも人生なんだよね。

★これまでを振り返り、これからに思いを馳《は》せる

「お水採《みずと》り」という言葉を聞いたことがありますか。

九星気学で見た吉方位の寺社などに行って、お水をいただく作法で、古くから開運法の一つとして知られています。

この「お水採り」を私が知ったのは、師匠でもあるルネ・ヴァン・ダール・ワタナベ先生の研究所とかかわりながらも、星にまつわるエトセトラをさまざまな場所で学んでいた20代の頃。「開運方法」の秘術として、「方位取り」があることを耳にしました。

ただ、そのときは近視眼的な活用方法としか感じられませんでした。

起死回生を祈願するような重たい印象で、しかも、約束事にがんじがらめといった趣《おもむき》で、それを取り入れている人たちが私から見てちっとも楽しそうでなかったの。

けれども、これも「先人の知恵であり、情報である」と思うようになったことと、もともと旅好きだったことがリンクして、「龍氣《りゅうき》・お水採りツアー」を定期的に開催するようになって、もう20年になります。

気が向いてふらりと出かける旅であっても、そこに意味をなすとなれば、行く道に化学反応が起きる。方位の徳を知るだけで、すでに徳を得ている気持ちになれます。

人生は、死ぬまでを一生と見るならば、私自身もまだ道の途中ではありますが、お水採りは日々を生きる「行」への相生《そうじょう》（乗）の効果として働いていると感じています。

「開運」とは運がよくなることだけど、そのよし悪しは一時を見るだけでは語ることはできません。

あたりまえの日常のなかで「気づいて」「動く」ことだから、お水採りに限らず、どんな開運法も、そのときの気づきをあたりまえの日常のなかで活かせなければ、とどのつまり何も変わらないどころか、後退してしまう可能性だってあります。

お水採りは、それをすることで日常の自分を癒やし、「気」の充電ができます。それをすることは、気合いが入るだけでなく、タイミング的に「これまでをリセットして、これからにスイッチを入れる」といった具合で、気持ちを切り替えるのにも有効です。

自分は、どう生きるのか、どう生きているのか。

あなたがいま何歳だとしても、私的に言わせてもらえば、「気がついたときが旬」です。

また、年齢を重ねるごとの節目ってあるよね。

自分の干支《えと》がめぐってきたときは、自分自身の本領発揮《はっき》のときでもあります。

12歳、24歳、36歳、48歳、60歳……。そのときに、これまでの自分をとことん振り返って、ここからの自分を考えてみるのもいいでしょう。

そのときに、現在の自分の体力の現実を知ることも大切。あたりまえだけど、人間は生まれてから毎日、死に向かって生きているのだから、今世の自分は自分しかいないし、自分の人生を歩めるのも自分だけです。

12年後に還暦（60歳）を迎える48歳という年になったら、やがて来る死を意識してみる。それは一つの節目として、「やり残していることは何か」に思いを馳せてみましょう。

人間は生き物だからこそ、知識より経験して成長する。去年の自分がどう生きたか、その「行」が今年の自分へとつながって、まだ見ぬ未来へとつながっていきます。

それは、今世に生を受け、宿命を持って、自分自身でその命を日々運び、立命へと化していくことでもあります。

「五十にして四十九年の非を知る」とか「六十化す」って言葉があるように、「化していく」には、感じて気づいたなら動いてみることです。

★自分に正直に生きる——ただそれだけを全うする

これからの時代は、「自分自身の価値観」を持つことが、これまで以上に大事になってきます。

特別な誰かの「個」に寄り添うのではなくて、それぞれが特別なオンリーワンとして「個」を確立する。それは、「大勢」と共に感じて流される時代から、大勢のなかで理性的に認め合いながらも独創的な「個」で生きる時代への変貌です。

他の誰かと比べて勝つとか負けるとかではなくて、自分自身の価値観を抱いて進む。

それは、違う誰かに責任を押しつけるとか負わせるのではなく、自分で責任をとるということです。何か起きたとき、誰かのせいにするのではなく、そのことを己が定めた合図とし、自ら改革する。これってざっくり言いきってしまえば、どれだけ自分に「正直に生きる」か、ただそれだけなのよ。

そして、それは、そのまま「ピンチをチャンスにできる人」「できない人」ともリンクする。そう、自分に正直に生きていればピンチなんて起こらない。

「ピンチをチャンスにできる人」が、「できない人」と違うのは、「正直に生きる」＝「自分を否定しない」ということにあります。自分を否定しないから、正直に生きることができるわけ。

それは、たとえ現象的にはピンチに見えたとしても、じつはそれはチャンスへの合図と受けとれるということ。ピンチを迎えたときに、たとえその一瞬は落ち込んだとしても、その瞬時というか、ほぼ同時に「これはチャンス」と感じられる。

それは、ありのままの現実を受け入れて「なぜ？」を、自身に問うことができるということ。その「なぜ」の解答こそ、チャンスへのキーワードとなるわけです。

たとえば、重要な局面でしくじってしまったとする。だけど、そこでしくじったからこそ、次のステップへの役立つ訓練がもっとできるかもしれない。

何事もなく順調だと思っているときも、もし、心が驕っていたなら、それこそピンチの引き金となるでしょう。いくつもの挫折を味わっている人は、それだけ心を強くする訓練を自然と受けているということです。

前向きでも後ろ向きでも、そんなのはどっち向いていていてもいい。

生きる醍醐味《だいごみ》とは日々鍛錬。どんなに生粋《きっすい》たる前向きな性分だとしても、長い人生、時には後ろを向きたくなって当然。そんなことよりも、自分に正直に生きるっていう強い気持ちこそが大事なのです。

正直に生きているからこそ、真剣になれる。本気で最善を尽くした先で挫折《ざせつ》したなら、そこに後悔なんて起きないから、心置きなく次へと進むことができるわけ。

また、問題の渦中にいるときには、ピンチなのかチャンスなのかさえもわからない場合もあります。そう、チャンスというのは、ピンチを味わわないと、自分にとって何がチャンスなのかがわからない。だから、短絡的に物事を見ないってことが大事なの。

自分を大切にしていれば、自分に起きた出来事を短絡的に見るわけなどないから、痛い思いをしたとしても、そこで気づけてよかったと思えるのです。

★

傷ついたからこそ、傷つくことへの怖れを手放せる

深く傷ついてしまうことはありますす。少し厳しい言い方をすれば、それはなにも特別なことではなく、誰だって大なり小なり抱えているかもしれない。

自分だけが深く傷ついていると思い込んで、それをいつまでも誰かのせいにしていては、その傷ついた心はいつまでたっても癒やせない。

傷つくってことは、傷ついたからこそ傷つくことへの怖れを手放せるってことであり、言い換えれば「傷」を知ったことで、傷を知らなかったときよりも心は強くなれているってことでもあるのです。

恨んでいたって何も前には進まない。自分を大切に扱えるのは自分だけ。

正直に生きるとは、自分を大切に扱えているということ。

本当に自分が大切であるなら、大切にするなら、気づけてよかったと許すことで癒やされる。どん底ってのを痛く味わったなら、免疫力がついて、ちょっとやそっとじゃ心は折れない。「痛む」＝「鍛える」、ということなのよ。

近視眼的に物事を見てしまえば、己が培った免疫力に気づかない。いつまでたってもピンチをチャンスにできない人となってしまう。

いまを大事にしているのと、いまだけしか見てないのとでは、大きく違うのです。

いまは未来へと通じ、つながっている。

いまを大事にしているということは、未来を見ているということです。

いまだけしか見ていないのは、未来を見ていないのと同じ。八方塞《ふさ》がり的な観念を抱いていては、いまに最善を尽くすことはできないのです。

いまの時代は、自分なりの考え方一つで、どこにでも行けるし、何ものにもなれる。いまの流れほど性別や環境や学歴など関係なく、誰にでも平等に本人の努力しだいで幸せや成功を手にできる時代はないのです。

だけど、幸せって実感できるのも成功を味わうのも、その本人が決めることであるから、当然それを知る＝わかる、到達するためには、いくつものプロセスがある。

また、たとえ到達したとして、それを持続させるのにも、それ相応の努力がいる。

私的には、「ギフトと罠《わな》はまとまって来る」とお伝えしているのだけど、人間は常に平等に試されているから、気持ちがブレたならギフトは罠にもなるし、しなやかな軸があれば罠こそギフトとなる。これも、ピンチはチャンスで、チャンスはピンチと同じこと。

それは、基本的にいい縁も悪い縁もないってこととリンクしている。ようするに、かかわり方しだいであり、受けとり方の問題。

目の前に起きるすべては自分への必要事項であって、幸や不幸でくくれないってこと。

いま、一瞬起きている出来事だけで、人生は決まらない。もっと生きている自分を信頼してほしい。

自分に正直に生きるとは、自分を信頼して生きるってこと。人間は霊長類なわけで、それぞれの行く道への合図は誰にでも平等に、さまざま起きている。

あたりまえの話、人間は人それぞれ皆違う。背の高い人低い人、骨太な人華奢《きゃしゃ》な人、身体的なこともあれば能力的なことも千差万別。学校の勉強が好きな子もいれば、嫌いな子もいるでしょう。

たとえば私は、それは小学生の家庭科の時間、持って生まれた自分の手先の不器用さはどんなに努力しても無理なんだってことを学んだ。

先生が提示する課題へのデザインだけは次々と浮かぶのだけど、どんなに頑張ってもミシンさえまともに扱えなかったの。

私は何でもソツなく適当にできる子だったから、小さい私の初めての挫折と呼べるかもしれない。だから、そこで考えた。「どうすればいいのか……」と。

ちょうど、私と真逆で、手先はとても器用なのに、デザインが浮かばなくて苦しんでいる子がいた。その子と組んで、私はデザインをして、彼女は製作をして、補い合って協力して、そして互いに先生から褒《ほ》められた。

そう、人はさまざまな環境、そのご縁のなかでそれぞれの役割がある。そして、人の数だけ、己に課された使命が一人ひとりにある。

私たちの生きている今、職業選択の自由な時代。

それでも、身長や視力など、持ち前の自分の個性によって望む仕事につけない場合もあるでしょう。そこで、挫折を味わったとする。そのとき、そのまま心が挫《くじ》けてグレちゃうのか、「じゃあ、どーする?」って、次の道を模索するのか。

「これですべてが終わってしまった」と瞬間立ち往生《おうじょう》することがあっても、その悔しさをバネやカンフル剤として活かすことができるかどうかです。

活かすとは、挫折したときに「果たして自分のめざす道なのだろうか?」という自身への問いかけと共に、それは「違う」という合図だと受けとれること。

素直に感知したなら、その道に選ばれなかったわけではなくて、その道を今世は選ぶ必要がないという天からの解答だと知ることです。

そう、誰にだって、ちゃんと自分だけの歩む道はある。

たとえば、華やかな場所にいる人たちに、人は憧れる。だけど、その華やかな場所を維持する力は並大抵ではありません。

一般なら一笑に付されるだけですむような出来事が、世の中を騒がす大事件となってしまったりということもあります。

そう、支持される数が多い分だけ天から試されるハードルも高い。登っている山が高ければ高いほど、その代償は当然、それに比例して高くつくわけです。

だから、そのすべては、あなたしだい。あなた自身の軸＝「正直に生きる」しだいなの。前でも書いたように、人間は慣れちゃう生き物だから、何でもあたりまえって思ってしまう心の在り方は問われる。

あたりまえに感謝なのか、あたりまえに慢心してしまうのか……。あなただけが歩む、あたりまえの道があります。

「こんなのあたりまえだ」と慢心したなら、道はそれるし、瞬く間に転げ落ちてしまう。

最初は感動して感謝する。だけど、いつしか、それが「当然」と思うようになる。

驕った気持ちは、「あたりまえ」に対する感謝を消してしまうようになります。

あたりまえの日常に、毎日感謝すること。それが、真実の「あたりまえ」になる。

「真実のあたりまえ」は、日々鍛錬の賜物なの。

★人生の旅で自分をどれだけ信頼できるか

人とのおつき合いで、いつまでたっても感謝があって感動できる関係というのは、双方の相手を大切に思う努力の賜物です。

人とかかわらないと運命なんて展開しないから、人とかかわればかかわった分だけ、どうしたって心は揺れます。それが、時にはえらく厄介で、面倒だったりもするわけです。

だけど、だからこそ、その先には喜びが待っています。

ちょっとしたことでも感動できて、あたりまえに感謝できる。

人間関係がうまくいく人は、人とのご縁をつかんで、それをちゃんと育んでいくことができます。

「人と出会っても、なかなか人脈につながらない」という人は、人をあてにして、それで何かを容易く手に入れようとしているから、ということがあるんじゃないかな。

私は人間関係は、等価交換できていることが大事だと思っています。

「いつも相手にご馳走《ちそう》になるばかりで申し訳ない」と思っていたとして、相手は「楽しい時間が持てた」と思えれば、それは等価交換なんです。

それが、「搾取」になれば、人間関係がうまくいかない、というより、運は動いていかない。

相手に何かしてもらうことは、一概に悪いことだとは思わないのだけれど、相手にしてもらうことを「あたりまえ」だと思えば、それは搾取になってしまう。

頭ではそのことが理解できていても、現実は「搾取になっていた」ということもあるかもしれません。

大切なのは心の在り方で、それは神社仏閣に手を合わせるときにもリンクしています。

手を合わせた瞬間に、そのときの自身の心の在り方が判明します。

おみくじも、そのときのあなたの心の状態がありのまま記されています。

日本は八百万《やおよろず》の神の国だから、人とつながるのって、たくさんの神様とふれ合うのと同じことになります。

ある講演会のQ&Aで、「信仰心とお墓参り」についての質問がありました。

私的には、ご先祖様と自然（星とか山とか）に感謝することは至極あたりまえのことで、だから神社も仏閣も大事。菩提寺と地元の鎮守《ちんじゅ》（産土神《うぶすながみ》）様は当然のこと、生まれたときから旅好きな私には、気がついたなら神社仏閣と旅とは切っても切り離せない関係にあった。そう、信仰心というのは、自分の人生の旅そのものなの。

旅先を決めるにあたっては、自分が行きたいと感じて選ぶ場所を優先するのは普通としても、「誘われたから」ということもあります。そういう誘われた先に、自分の行きたい場所に行き着くこともあります。

日常の人間関係にご縁の展開が起きるように、たとえば神様とのご縁も展開なんだと思うのです。

ちゃんと日常を生きていれば自然とつながっていくし、だから、事前情報などなくても、その先その先で「なぜ」が解ける。その時々に必要な力を与えていただくご縁もあるの。

だから、現世目的（ホテルでただのんびりする）だけの旅のつもりでいても、導かれているような精神的な出会いが起きます。これは、海外でも同じ。

私の信仰心は、自然と天気と共にあって、ある特定の神様や仏様にとどまって帰依《きえ》しているのではなく、まだまだ死ぬまで展開していく人生の旅なわけ。

もっといえば、「お参り」は自分自身の存在に対する感謝を込めてのご挨拶なんです。

もともと神社仏閣で行う祈願というのは、私的には、神様や仏様、そしてご先祖様を証人として自分自身へと誓うこと。現世利益や死後どうなるのかといったことのためではなく、いまをちゃんと生きているか自身に問う羅針盤《らしんばん》、というか、温かく厳しく見守っていただいていることを感じて、素直な気持ちで手を合わせています。

郵便はがき

162-0816

恐れ入ります
切手を
お貼りください

東京都新宿区白銀町１番１３号

きずな出版 編集部 行

フリガナ

お名前　　男性／女性
未婚／既婚

(〒　　-　　)
ご住所

ご職業

年齢　10代　20代　30代　40代　50代　60代　70代～

E-mail

※きずな出版からのお知らせをご希望の方は是非ご記入ください。

愛読者カード

ご購読ありがとうございます。今後の出版企画の参考とさせていただきますので、アンケートにご協力をお願いいたします（きずな出版サイトでも受付中です）。

[1] ご購入いただいた本のタイトル

[2] この本をどこでお知りになりましたか？
1. 書店の店頭　2. 紹介記事（媒体名：　　　　　　　　　　　　　　）
3. 広告（新聞／雑誌／インターネット：媒体名　　　　　　　　　　　）
4. 友人・知人からの勧め　5.その他（　　　　　　　　　　　　　　）

[3] どちらの書店でお買い求めいただきましたか？

[4] ご購入いただいた動機をお聞かせください。
1. 著者が好きだから　2. タイトルに惹かれたから
3. 装丁がよかったから　4. 興味のある内容だから
5. 友人・知人に勧められたから
6. 広告を見て気になったから
（新聞／雑誌／インターネット：媒体名　　　　　　　　　　　　　）

[5] 最近、読んでおもしろかった本をお聞かせください。

[6] 今後、読んでみたい本の著者やテーマがあればお聞かせください。

[7] 本書をお読みになったご意見、ご感想をお聞かせください。
（お寄せいただいたご感想は、新聞広告や紹介記事等で使わせていただく場合がございます）

ご協力ありがとうございました。

★波動を調整して、日常を健やかに生きる

どんな人とつき合うかで人生は変わっていきます。

あなたに近づいてくる人、とくにビジネスやお金が絡んでくるような関係の場合には、あらゆる視点から見ての評判をチェックしてみることです。

そういうときに、「普通」に見てみることは、とても大事。「普通」とは、あなたの気持ちを凪《な》ぎ＝波のない状態にさせること。

東洋系至上主義の占いをする人の中には、ある方向から見てのプラスとなる「気」だけを推奨し、現実を無視した一方的な解釈をしている人たちがいます。

たしかにそのアドバイスも、基本から見たなら間違ってはいない。

だけど、たとえば方位がすべてを支配しているかのように、マイナス効果ばかりを伝え

てしまう近視眼的なアドバイスは罪を生む。

占いに限らないかもしれませんが、プラス効果というのはわかりにくいけれど、マイナス効果はわかりやすい。だから、引きずり込まれやすい。

ここで大切なのが、「普通に考えてみること」です。

たとえば「お水採り」は、日常を健やかに生きるための防衛策でもあります。だからこそ、あたりまえの日常から徹底的に悪い気を取り除き、いい気だけをいただこうという行為は、そこで生きること自体に無理が生じるということ。

いい「気」ばかりをいただいていたって、現実の生き方が伴っていない限り、降って湧いたような事象が起きるはずがない。「気」も免疫と同じで、プラスの「気」ばかりいただいていても、育めなければ力の源とはならないわけです。

時には、思いもよらない幸運が、一瞬起きる場合もあります。だけど、それをちゃんと検証してみれば、本人は「気」がついていなかっただけで、実際、日々積み重ねてきた功績としての事象だったりするわけ。それは、「気」がついていない「気」が開いたということで、まさに開運に値するものです。

いまの時代は、たとえれば明治維新のとき、次の時代を見ていた志士が生まれたように、日蓮が生まれて得度《とくど》を積んで、題目を唱《とな》えた時代と似ていると感じています。日蓮と同じ時代の流れのなか、そのときの混沌《こんとん》とした先の見えない民衆の心に光を点《とも》し、その後の仏教界に影響を与えることとなった聖人が多数生まれました。

もちろん、それぞれお役目と役割があって、同じ仏教徒でありながら、それぞれの解釈や捉え方は違うものです。空海と最澄《さいちょう》が同じ時代に生きていたように、日蓮と道元と親鸞《しんらん》は、年の差はあっても、同じ時代を生きていました。仏陀が説いた仏教という「生きるための知恵」は深く、さまざまな解釈でもって拡がってきた。そのなかでも日蓮は時の政府から激しい弾圧を受けながらも、果てしなく強い意志を持って民衆を導いていています。

それを今の時代にそのままあてはめることはできないけれど、真理は一つとしてつながっているのだから、それぞれの聖人の教えから、あなた自身にピンと来る教えを日常に取り入れるのはいいと思う。心の糧となる「師」は何人いてもいいわけです。

その「師」のなかに、いまも一緒に生きている「師」がいるのであれば、その人を普通に見るのは大切です。

「師」と呼ばれている人であっても、人間に生まれてきた以上、人間の命そのものは平等であって、上等も下等もないと私は思います。

ただ、歴史を紐《ひも》解き検証すれば、今へと続いている血統はある。だけど祖先が立派だったからといって、その子孫も立派であるという保証はどこにもない。

血筋がいいからこそ、そのことだけを誇示している人もいるし、それが重荷となって、その環境から逃げてしまう人もいる。恵まれた環境というのは、その本人が恵まれていると感謝できなければ意味をなさないから、そのまま転落する人もいれば、一時はぐれても立ち戻って、また繁栄させる人もいます。

同じ時代を生きているなら、その一瞬一瞬を普通に見て、考えて、判断していくのも学び。その「師」の性質として、いい人間なのか悪い人間なのかも、それを判断する人間の質と比例します。

どんな環境に生まれてきたとしても、どんなに素晴らしい言葉を語っていても、本人の生き方しだい。相手が誰であっても同じ人間として、普通に見る目が問われるのです。

人間には皆、それぞれの選んだ環境での成長過程において、さまざまなレッスンがあります。何事もなければ成長などありえない。だから「これだ」って人とめぐり逢うためには、いろんな人とかかわらないとわからない場合もあるわけです。

痛い思いをしたからこそ、「これだ」を知ることができる。というか、人とかかわるときの動機が不純だと、結局自分の発している波動に合った人としかつながれません。

そのときの自分のレベルと相手のレベルとが呼び合うの。

だから「騙された」「こんなひどいめにあうなんて」というようなことを感じたときには、それを呼んでしまった自身の甘さがあったことを知らなければならない。

ちゃんとそこに気がつけたなら、その体験は自分自身の人間力への免疫となると私は思っています。

つくづく思うのは、「容易い」のって「お安い」の。だから、やたらと甘いセリフで近寄ってくる人には気をつけて。

第4章

人生の厄介を知ってこそ自分を理解できる

★――あなたに必要のないことは、あなたの人生に起きない

誰にだって人間である限り、いろんな感情が湧いてきます。

その感情をどう扱うかは自分しだい。だから、自分の流れを自分でせき止めてしまったなら、そこから先には進めない。

「イヤだ」「苦手」で、自分の限界としてしまうのか、そこに勇気を持って挑《いど》んで限界打破を試みるのか。

やりもしないで答えを出してしまったら、それこそ誰のせいでもなく、自分のせいで、そこで展開が止まる。

心底好きなことを見つけるために、好きなことをするために、好きなことを続けていくために、トレーニングは必要不可欠ってこと。「気がついたなら鍛えられていた」みたいな

ことが起こるわけです。

自分のペースを貫くっていうのは大事なことだけど、人生っていうのは、誰のそれであっても、平坦な道ではありません。

しかも、ただ歩いていればいいというわけでもなく、それは山登りのように、登頂する前には峠《とうげ》があるし、当然、上り坂も下り坂も、そして時には「まさか」ってことも起きる。

考えてみれば、「生きる」ってことは、アスリートと一緒だよね。あたりまえの日々は、そのまま鍛錬となる。

自分に必要のない出来事なんて起きるわけないのだから、自身の歩む道に逆らわずに、一つひとつ引き受けていくことで、いくつになっても「知らなかった自分」「まだ見たことのない自分」に、会えるはず。

人とのご縁、そこで感じること、そのすべては自身の学びとなります。

長くかかわっているご縁って、互いの成長においての持ちつ持たれつのご縁。だから、「腐《くさ》れ縁」というのにも意味があります。

腐っているから仕方なくつき合っていくのか、だったら捨てるのか。腐ったからこそ発醇して、他には真似できない味が出て、なんともいえず居心地いい場合もあるわけです。

あなたの育んできたご縁は、どんな展開を経《へ》ているでしょうか？

つき合えばつき合うほどに、もっともっと好きになっていく人。

つき合えばつき合うほど嫌いになってしまう人。

あたりまえのように身近にいる人に感じてしまう、自分の心の揺れや動きを見てみましょう。

「まわりなんかどうでもいい」って感じている人もいると思う。

だけど、独りぼっちで生きているわけではないとしたら、自分自身の人に対する心の動きを知ることによって、自分のなかの普通の本音が見えてきます。

なぜ好きなのか、なぜイヤなのか……。

なぜ好きになったのか、なぜ嫌いになったのか……。

もちろん、理由なんかないってこともあるでしょう。だけど、何の動機もないのに気持ちは変わるでしょうか？

これまで私のセッションの流れの一つとして、問いかけが来た（堰《せき》を切った）時点から、裏も表も見えてくるという展開が日々起きるようになります。

たとえば、ある人がAさんのことを口にしたとします。すると、次から次へと来る人が皆、Aさんの話をして、私のなかでAさんの実態が判明するといった具合に。イミテーションのメッキが剥がれるときって、瞬《またた》く間に、そのすべてが露呈するものです。

インターネットのさまざまな活用と比例して、価値観の多様化がいっそう加速しているから、それに応じてコミュニティーの細分化はとどまることを知らない。

しかも、その情報は多種多様。そのなかで支持される人が生まれる。そう、誰だってコミュニティーの主人になれるわけです。

それはまるで宇宙のように果てしない無限の拡がりのなかで、さまざまな色を放っているかのようです。

そこで小さなビッグバンが起きて、銀河系の一つの星になる人もいれば、スターダストのように消える人もいる。

自らが志士となり、誰を何を支持するのか。その選択は自分しだいで自由自在。

だからこそ、あなたの選択を検証しておくことが大事だと思います。

普通に見てみる目、普通に考えてみる心、普通感覚を持っているからこそ、ありのままでの個性が光る。普通を理解しているからこそ「違い」を語れるのです。

だから、自分の素直にこみ上げてきた感情に耳を傾けて、そして「なぜ」を、とことん問う。いま、自分との対話、自問自答はとても大事。

どんなに愚直であっても、素っぴんなあなた色であるなら、相応の支持は集まります。

また、譲れないあなたの誇りであればともかく、あなたを不自由にさせているつまらない見栄やプライドなんてのは埃《ほこり》でしかなく、真実のあなたの色を曇らせる。

裏も表もない本物の輝きを放って、あなたの感じる本物を選んでください。

あなたの「軸」＝「芯」をもって、自身で決めて選んだことが展開していく。だからこそ、運命は自分しだいといえるのだから……。

★見えないものを見る力はまっすぐな強い心とリンクする

人それぞれ、そのときに見合った成長プログラムといえるような課題が、人生にはあります。

それは何の前触れもなく、ある日突然、「お試し」のようにやってきます。

たとえば、それは「詐欺《さぎ》」のようなものかもしれない。大金を失うようなことになったとしても、その経験を学びとして、成長の機会と活かせたのなら、それはまさしくピンチとチャンスは表裏一体だということの証になります。

見えないものを見る力、見えないものを感じる力って、畏《おそ》れを理解する、というか、それを当然とする感覚が力の根源になります。

そして、その感覚は、邪気《じゃき》のない、まっすぐな強い心とリンクします。

また、「その真偽《しんぎ》を嗅ぎ分ける力（審神者的能力《さにわ》）」は、我利《がり》が湧かない、揺らがない、普通に、あるがままを感じとることのできる真我のある人に備わります。

たとえば「肉は食べない」という人がいて、それには一理ありますが、それだけではキャッチした波長が弱く、ブレが生じることもあるでしょう。

精神性を研ぎ澄ますためには、その前に、精神性と現実力とをリンクさせないと、真を見極められないというか、真理を伝えることができないし、真に活かせない。

目の前にある日常を生きて、軸たる基礎を育て、養い、培わないと、真なる高い精神性といったパワーは得られません。

強さは強さとつながるし、弱さは弱さとつながるの。

それは、自然の摂理として、水は高いところから下へと流れ、下から上へとは流れない。

たとえば、幽霊やお化けが見える人がいる。だけど、そんなものは、ただ見えただけでは、本人はつらいだけで何の得にもならない。

それを「霊感が強い」というのは、「霊感」の強さと弱さとを履き違えているのです。

人によって、それをきっかけとして気持ちを鍛錬することで、霊感が磨かれ、真なる霊能力が生じ、人にも自分にも役立つこともあります。

前世や守護霊とかもそう。感じとる人の力は、その人の生き方とリンクするから、いつだって霊能者や祈祷《きとう》師など、それに占い師やヒーラーも含まれてしまうのだけれど、目に見えない事柄を扱う職業には怪しさがつきまとってしまう。

だけど、どんな仕事においても表裏の存在はあるよね。

演出として尊いように見せているのか、実際に尊い人なのか。その見極めは、やはり見極める人の力（生き方）とリンクします。

結局、騙すとか騙されたといった事件が後を絶たないのは、騙す人も騙される人も、そのときの波長が同調しちゃっているから。

いいも悪いもなく、恨まず、否定せず、それを人生の栄養とすれば、そのときに費やしたお金も時間も、生きる過程でのかけがえのない自分への授業料＝自己投資になるわけです。

★自分らしく生きる道は無限に用意されている

日本の歴史を教科書通りに遡《さかのぼ》ってみれば、いまの時代ほど個々人が、それぞれの身分や学歴など関係なく、本人しだいで自由に生き抜ける時代はないと思えます。

もちろん、どの時代でも、その時代に応じた弊害や不安要素はいくらだってあるけれど、生きている限り、いつ何時何が起きてもおかしくないといった状況には変わりなく、どれほどの悩みがあって、どれだけ迷ったとして、いくら心配したからといっても、今日という日は過ぎていき、明日が今日になる。

どの時代に生を受けようと、人間として寿命ある器で持って生まれた瞬間から、死に向かって歩みだす。

寿命を全うするっていうのは、長短では計れない。

今この時代に生まれてきていること、それはあなた自身の魂が決めたこと。あなたが生きている時代こそ、あなたのためにある、あなたが生きる環境。インターネットで世界中の人とつながれる今、自分の地頭を活性化させた人間力しだいで、自分を生きる道は無限にあります。

もちろん、いつだって文明の利器は、使う人の心しだいで良薬にも毒にもなる。「便利」との距離間というものは、それは当然、人それぞれの資質や性分によって違うのだけど、人間としての根本にある本能を鈍らせてしまうような使い方でなく、自分の可能性を拡げる活用をしたい。これって星の情報とのつき合い方ともリンクします。

扱い方を誤れば依存となり、自分の本能は鈍るだけ。

たとえば、平安時代には陰陽寮《おんみょうりょう》（いまでいう国の省庁）があり、目に見えない現象＝占い的なことを国の運営に取り入れていたらしい。だけど、それが消えていったのは、その扱い方のルールを定めることができないからなのだと、私的には感じています。

「占い」として活用する限り、それは「占う」わけだから「当たるも八卦《はっけ》当たらぬも八卦」

の域は超えられない。

また、「占う」人が人間である限り、その人自身の人間性や度量に左右される。人の持つ超能力や霊力は自然現象と同じで、必ずしも安定しない。

あたりまえな話として、目に見えない現象を言葉にする人もしない人も同じ人間なわけで、素晴らしい言葉を発するというか、多くの人を感動させるような人がいたとして、だけど、その人も人間である限り、言っていることと行いとが日常の生活のなかでまったくかみ合わなくなる。それに慣れてしまえば慢心となり、その心は浄化されない水と同じように、よどみ腐ってくる。

いつのまにか少しずつ、傲慢さがあたりまえになってしまったとき、軸＝芯は大きくブレていて道を外れてしまっていることは多い。

その道が外れてしまっていることに気がつかないで、支持しつづけて環境を共にしている人も、知らずしらずのうちに巻き込まれています。

たとえば、「前世の記憶」があるとして、それをもってして今世の自分の課題はあるわけだけど、その持ってきている課題は、あえて心（魂）の奥底にしまってあって、だから、それをクリアするように、日々の暮らしの出来事のなかから感じて行動して学び成長するわけで、その過程こそが自分を生きる醍醐味ともいえます。

前世療法も守護霊査も心理学も宗教も、目に「見えないもの」を扱うということにおいては占いと同じ領域で、それは、弱者を食い物にする弁護士が存在しているのと同様に、扱う人間の心の在り方しだい。つながる人を誤れば、悪いことを言われて脅されて、だけど、いいことを言われても驕ってしまう人がいます。

だから生半可《なまはんか》に知ったところで、その情報がいいとか悪いとかということを一概には言いきれない。けれど、それも含めて自分自身への学びとして、あたりまえの日常で活かせたならば、自分の道での経験は力として生きて活かしていけるし、依存したなら慢心となって自分の道から脱落していきます。

人間は霊長類であるからこそ、誰しも超能力や霊能力は普通に持っている。

ただ、その力に気がつけているのかどうかの違いだけ。

生まれながらの敏感さや鈍感さ、手先が器用な人と不器用な人がいるように、見え方や感じ方の強弱はあるけれど、「見えないもの」を神様などの言葉にして扱っている本人の

「素」が、普通に見ておかしいのであれば、その神様って存在も偽りかもしれない。

また、特別な誰かだけに、神様だとか「見えないもの」が見えるわけではなくて、それぞれの人の心のなかに神様というか「見えないもの」は存在している。

いつの時代も、「見えないもの」の現象を、「見えないもの」であることをいいことに、悪用する人たちは後を絶たないし、それに翻弄されてしまう人たちも後を絶たない。

真理を見極める手段とは、自分の「素」で「普通」に見ることだけ。だから、ある意味「素」を隠している人って、眉唾《まゆつば》なのかもしれないよね。

自分自身の軸＝芯を、他人に強要しない。それぞれの価値観を認め合いながら一緒に生きているのって、普通に、とても気持ちいいことだよね。

「それしかなければ生きられない」とか「そうしなければ生きられない」といった時代を生きているわけではないのだから、自分の心を不自由に閉じ込めてしまうような生き方ではもったいない。自分の時間は、自分でつくっていくことです。

★

人生の答えは自分自身で導きだすもの

これまでを見直したいと思ったら、自分が憶えている限りの人生を遡って自分史を書いてみるのがいいでしょう。

自分の過去を自らがチェックして自分の陥りがちなパターンを自分で見出し、自分自身で考えて軌道修正していく。そうして、あなたなりに生きる行き方に応じて活かせる。あなたを生きる人生ツールとなります。

自分の人生にお手本があるとしたなら、それは、自分の生き方そのものであり、自分自身でしか導きだせないもの。

導きだすためには今日をちゃんと生きるしかなくて、その積み重ねが人生だよね。

ちゃんと生きるっていうのは、人とかかわることでもあって、人とかかわるから迷いや悩みが生じて、だけどだからこそ、楽しみや喜びが生まれ、生きている実感が湧く。

独りぼっちで生きるのであれば、それは心の安定は図れるけれど、人生に何事も起きなければ人間としての成長は生じない。

生まれたての赤ちゃんが、一人では何もできないように、人間として生まれてきたからには生まれた瞬間から人とかかわる定めなの。

それは男女関係も含めた人間関係全般から、日々の仕事や健康に関しても、自分で自分自身の年表を作成することによって、自分なりの人生を第三者の目でもって見つめることができるから、悪質な占いや宗教に翻弄されないツールにもなる。

「第三者の目」というのは「普通」に見てみるっていうことでもあって、あたりまえの日常のなかにいて、そのあたりまえに慣れきってしまったとき、自分を見失いそうになるくらいつらいとき、どんなときでも役に立つといえるのです。

あたりまえの暮らしのなかで気がつかないうちに、よどんだ「気」がたまってしまっていることがあります。

見つめ直すってことは大げさなことではなくて、たとえば、その年の自分に合う方位で時間を過ごして「素」の自分を「普通」に見てみる「気」の持ち方が大事。そのときの「気」は心の在り方への充電と改善とにつながるの。

人間はストレスがなければ生きていられない生き物だけど、行き過ぎたストレスに包まれたなら「普通」の見方ができなくなってしまうときがある。

それは当然で、逆に、自分はストレスのかからない人たちとしかかかわっていないからといったって、お店で何かを買うとき、食べるとき、電車やバスなど乗り物で移動するとき、たとえ自分一人で自転車や車を運転していたとしても、あなたの前や横を歩く・走る人が存在しているわけです。

だから、あなたの日常で、あなたが意識していなくても、あなたの知らない人々と日々知り合っています。

人間として普通に生きているからこそ、大きなストレスを感じていなかったとしても、人とかかわっているのだから、いろいろな気を浴びて、心の在り方を試されるわけです。

ツイてる・ツイてない＝ラッキー・アンラッキーといった現象も、心の在り方とリンクします。

病気や事故が起きたからといって、ツイてないわけじゃない。

その起きた現実の起因を探ってみることが大切。

そうして、起きたからこそ感じられた自身の気持ちを「どう消化して昇華するか」で、ツイてないと思っていたアンラッキーは、ラッキーと転化して、ツイてる人と成り得るの。

禍を避けるのではなくて、禍を転じさせる。極端な比喩かもしれないけれど、いつ何時命をとられるかわからずに日々安心して眠ることもできなかった戦国時代でも、名将と呼ばれた武将は占いに依存しないで活用していたといいます。

何が起こるかわからないのは、どんな時代も同じだとして、依存して慣れきってしまえば「普通」の見方や考え方が麻痺してきます。

心の免疫力は低下するだけで、人間力は育たない。「素」で持つ本能（直感力や察知力）は鈍り、自分の身に起きている危険への合図に気がつけなくなるのです。

★感謝される生き方は「魂の徳積み貯金」となる

「來夢」を生業として人の成長を見守ってきていて、その人なりの人生を展開上昇させて生きている人というのは、その素直さに尽きると常々感じているのですが、自分に素直であることと、軸＝芯を持つ強い気持ちは、その人の人間力としての生きる糧。そして、あたりまえの日々の生活のなかで、お金と時間というエネルギー交換ができているのかどうか。これは因果応報と同様に、ちゃんと自分に還ってきます。

騙した人と騙された人がいたとします。

この場合、騙した人は、どんな理由があるにせよ、搾取は搾取でしかなく、それはその人の人生へのツケとなって、その代償を自身で払わなければならないときは、必ず来ます。

時間が加速していない以前であれば、「親の報《むく》いは子の報い」みたいな魂のツケとなる流れもあったにせよ、いまの時代は、今世のツケは今世で払わされる流れ。だから、栄枯盛衰《えいこせいすい》も加速しています。

そして、騙された人の場合、その騙されたという人の心の在り方＝気持ちしだいで、道は大きく分かれます。

騙されたならば騙してやろうと「目には目を」みたいな気持ちになって、恨みつらみばかりになってしまえば、騙した相手と同じ穴の狢《むじな》と墜ちるだけ。

だけど本人に、騙されても当然といった心の隙間があった場合でも、その騙されたエネルギーは、成長過程での必要経費であり、授業料みたいなものと思えれば、その現実は自分の明日への原動力として大きく活かせる可能性があるわけです。

だから、災難のように騙されたとしても、その起因さえしっかり探って学びとしたなら、その先で騙された額の十倍から百倍返しで実際必ず戻ってくるものです。

それを私は「魂の徳積み貯金」と呼んでいるのだけど、目先の損得だけで計算している場合でも、キッチリ等価交換さえしていれば、徳積み貯金はいつだってそのままで、たまらないけれど減りもしないから、それはそれで、その人なりの生き方として成立します。

あたりまえの日常のなかで「ありがとう」と言われる生き方は、そのまま「魂の徳積み貯金」となっています。

だけど、この「ありがとう」に知らずしらずに慣れてしまって、いつしか己の傲慢で人の心を傷つけてしまったならば、その貯金も知らずしらずに減っていく。

自分にはそれだけの価値があるのだと自分を高く評価することも、ある意味大事ではあるけれど、自分の価値を感じてくれている人への日々感謝は忘れてはいけないよね。

また、自分や自分を必要としている人が生きている環境への気配りというか思いやりを持つことも、あたりまえのことだよね。

そうした行いも、あたりまえのように、そのまま自分に跳《は》ね返ってきます。

人間は欲望があってあたりまえだし、若気の至りっていうのもあるし、なので、自分なりの成長過程で、あるとき「あっ」て気がついたなら、それに気がつけたのだから、そのときが自分の生き方を軌道修正するタイミングなんだよね。

日々あたりまえに暮らしているなかでバランスが崩れてしまうことってあるから、自分を普通に見てみて、気にかかることがあったときには、自分の心の声を無視しないで、素直になって、自分自身に応えてみましょう。

魂の課題となる業の深さは人それぞれ十人十色で、しかも、今世で選んだ己の性分が、あえて邪魔してたりもするから、頭と心や身体の反比例を「素」として融合させるには、時間がかかって当然。

人間は煩悩があるから成長するのであって、だけど、煩悩ほど厄介なものはなく、だから、自己矛盾は生じるわけ。自分を生きるための味方も敵も自分のなかにあるから、人生って自分自身との戦いなの。

人がうらやむ生活や活躍、また、とても平凡な暮らしでも、その平凡な暮らしを持続させることこそが難しいのであって、とかく人生を安定に継続させて生きている人っていうのは、自分自身の「素」である、あたりまえの日常のなかで本気で自問自答し、日々精進しているんだよね。

ある意味、人生は死ぬまで正解なんてわからないのだから、その時々の自分の心の声に耳を傾け、たとえ惑わされても、それを心の免疫力として、自分で自分を、ちゃんと慈しんでほしい。

日々のあたりまえの暮らしで、あたりまえにやってくる喜怒哀楽、それを感じて、探って考えて、そうして進む行動、それこそが今世、あなたの魂の課題。

あなたなりの辛苦《しんく》があるからこそ、あなたにしか生じない、あなただけの喜びがある。

あたりまえの日常のなかで気づけるか気づかないか。

それは、信仰心も同じなんだと感じています。

だからこそ、心も身体もしなやかに、そして、気持ちを強く生きていきましょう。

★自分自身が気づくことでしか道を開くことはできない

「気がついたときから幕は開く」とよく言っているのですけれど、気がついた瞬間から見えてくることがあります。あるいは、見えてから気がつくこともある。

「生きる」って、あたりまえに気づいているから築いていける「気づき」の展開でもある。

だから、気がつけないと、見えているのに見えないし、見えてもこない。

たとえば、この地球上の自然界や宇宙からのメッセージと通ずる霊的な能力者として生きている人たちも、色や音、画像というものに、さまざまな感じ方をしています。

ただ、それを表現するのも、言葉を言霊として伝える力と、それを感じた人間の器というか人間力が大切で、だから、それを生業としているから能力が高く、そうでないから低いということでもありません。

けれど、生業としている人たちのなかには生きる修行のなかで活きる使命を果たしている人もいれば、詐欺的な商売をしている人もいます。

だから、そうでない人であっても、あたりまえに生きるのに不必要である波長＝電波障害のような感覚を「霊感が強い」と勘違いしていて、そういった人たちは何でも霊のせいにしていたり、大げさに騒いだりして、そうして本人も気がつかないうちにあたりまえに生きることができなくなっていたりします。

実際の能力として、「見える・聴こえる」といった「霊感が強い」人もいて、だけど「ほぐせる」までが難しい。「ほぐす」というのは、からまった人をほぐすように、霊との関係を文字通り「解す」ということ。それは当人の「生きる」に比例しているから、あたりまえの日常で人間性を磨かなくては非日常の霊能力も磨けない。

他人が見て、あたりまえのように自分の道を歩めているという人は、あたりまえの毎日を、あたりまえに感謝して、けっしてあたりまえとして生きてはいない。

「運命」の「運」の字は、「軍《いくさ》」に「しんにょう」をかけたものだというように、運命というのは、自分の命を持って今世の「自分を生きる」戦いでもある。

それは当然、他人と戦うことではなくて、日々の自分自身との戦い。だから、生きるっていうのは厄介を知ってこそ、心底愉快な自分を理解できます。

どんなにしんどいときでも気がつければ、あたりまえのなかには光があって、あたりまえの毎日での人とのかかわり合いは、自分へと還ってくるのです。

私の生業としてのお役目は、親近感を含めたうえでの、母でもあり父でもあるような親みたいな役割なのだと思うことが多々あって、それは気がついたときから、仕事だからとか関係なく、私を選び私も選んだ人たちが私に話す出来事は、一瞬にして自分事以上に感じています。

小さいときからなぜだか「人の気持ちがわかる子」で、その感じる気持ちを的確な言葉にして伝えることができたから、自分の気持ちをうまく表現できない友人たちの心の理解者や代弁者となってきました。

そのまま、自分なりに生息域を拡げていく過程の、その時々の環境のなかで、一期一会的なご縁であったとしても、素である私の姿勢は変わらない。

たった一度だけ、わずかな時間を過ごした相手から、

「あのとき太陽を見つけたと思った」

「あのとき出会えてホントによかった」

「あのときの言葉で救われた」

といったお便《たよ》りが舞い込むたびに、それは私自身の力となって、今日の私をつくってきたと感じています。

「感じる」というのは理屈ではなくて、私自身うまく説明できないのだけれど、ある意味、ひらめきのようでもあって、そこに私自身の自我などはまったく存在していない。

一瞬にして確信するときもあれば、感じた事柄が夢のなかで絵となって謎を紐解くように推理推測しながら解読できるときもあるし、自分自身の気がつかないうちにとことん自問自答していて合点がいくこともあります。

私の日々のセッションとは、ありのまま素のまま相手しだいお任せなので、「こうである」とか「こうでなければ」といったカタチもなければ演出もない。

私自身の立場とか私的な気持ちなどは、いつだってどうでもよくて、どう取ってもらっ

てもかまわない。だから、叱られたという人もいれば、褒められたという人もいて、他愛ない雑談から心の整理をしていく人もいれば、まるで役員会議みたいになるときもあります。

有名無名にかかわらず、あたりまえに人はそれぞれ千差万別で、生きる使命もさまざまだから、世間での活躍と本人自身の人間力とは比例しているとは限らない。だけど、培った成長に応じて展開していくのです。

何が正しくて何が間違いなのかは、本人自身が感じて、気がつくからわかることであって、だから「道ならば開く」わけで、私はその過程を自分事以上に感じて、叱咤《しった》激励《げきれい》しながら見守っているだけなんです。

第5章

自分の気を取り戻す小さな習慣

★自分の「軸」に気づき、ありのままを見つめ直す

今このとき、ここまでの自分の「軸」を客観視してみることが大切です。

そして自分なりに納得できたなら、ここから、その「軸」たる意志を慈しむ。

まだ納得できないとするなら、それは「なぜ」と探って、あらためて、心新たに自分自身を、そして、自分の環境、自分とかかわっている大切な人たち、そのすべてをしっかりと見据え、ここからありのまま素直な自分の「軸」を創造して生みだしていきましょう。

嘘や虚飾といったイミテーションが通用するのもここまで。すでに、その正体を覆《おお》い隠していたメッキは剥がれだしています。

何が本物で何が偽物なのか、その真価を問えるのは、あなた自身の直感に値する「目利きのような感性」です。

目利きのような感性とは、現地点での己の「足る」を見極めてこそ。価値観の多様化に歯止めがかからない時代を選んで生きている私たちは、自分自身で自分自身の人間としての価値「足る」を「どうよ」と見定めておきましょう。

現状の自分を誰と比べるではなく、あるがまま客観視してみる。

自分は正直なのか、取りつくろっているのか。「見極め」というのは、自分の「軸」しだいのイコールとなる。「自分がそうだから、そうなる」といった具合に、正直ならば正直と、偽りであれば偽りしか目に映らない。

ここで、自分自身の「軸」に気づけず、しなやかな「軸」を築けていないと人生に翻弄されます。

「いまの自分がそうだから、そうでしかない」

そうして自分を戒めることができるのは自分だけだから、いま、現時点で絶大に信頼できる人間とつながっているかどうかも大きな鍵となります。

こう書いている私自身も、日々自問自答しています。

人生って、いつだって自分との戦い。

それって、自分から湧いてくるいろんな感情と向き合うってこと。

私的にどう戦うのかって、それは自分に自身で「なぜ?」と徹底的に追求してみるの。

なぜ起きたのか?

その原因は?

なぜ、それが原因なの?

なぜ、このタイミングなの?

さて、どうすればいいの?

自問して、浮かんできた自答に「それでいいの?」と、本気で突っ込んで、解いていく。

あたりまえの日常のなかで、ふとしたときに「解せる」まで。

それでも答えが出ないときには、いったん手放して流れに身を任せてみる。

時代は猛スピードで駆け抜けているから、自分に素直に生きていれば、思いがけないときに、すんなり答えに出くわすことがあります。


人生にはしんどいことがつきものですが、そのしんどさは体感しておく必要があるものだからこそ、そうなっている。

たとえ自分には理不尽に思えることでも、そこで抗《あらが》わず、いまやれる自分の最善を尽くしたならば「なるようになるさ」と流れに身を任せてみることで、見えてくることがあります。

どう考えても自分的には不本意であると感じた出来事であったとしても、それをしっかり引き受けた時間の先に、「それが（で）よかった」という流れが起きるのです。

しんどさが続けば疲れがたまってきて、「あたりまえ」での自分の「軸」を見失うかもしれません。健全な精神は健全な肉体があってこそ宿るものだから、つらいときって正常な考えが思いつかないし、自分がブレていることにも気づけない。

そういうときは、とにかく眠る。頭とからだを休めることです。そして、そんなときこそ、星の情報を知っておくことが、転ばぬ先の杖としてだけでなく、転んだ先でも使える杖となります。

いまという瞬間は、あなたの人生において二度とめぐってこない。一瞬一瞬、一歩一歩を悔いなく生きてほしいと願っています。

★運命は気持ち一つでどんどん変えられる

就職のために活動することを「就活」、結婚のために活動することを「婚活」と呼ぶなら、「運」を活性させるための活動は「運活」。星を先人の知恵や情報として活用させている人は「運活力」のある人です。

「自分は運が悪い」と決めている人がいますが、そんなことはありません。

「運」とは、あなたの気持ち一つでどうとでもなるものです。

「気」をパワーチャージしたなら、勇気が湧いてくるから、「運気」の流れは「開運」や「改運」とも結びついていきます。

私は基本、来るものは拒まず去るものは追わない。だけど、ちゃんと私を選んでくれている相手に対して、私的にちゃんと責任を持ちたい。これは私がプロだからといった主観からではなくて、気がついたときから貫いている私の行き（生き）方なのね。

「アストロロジャー　來夢」だから、自分の個人的感情をはさまないのではなくて、犯罪以外に関しては、何が正しいか間違いかなんて他人が勝手に決めることではないし、人それぞれの幸せの価値観は違うと感じて生きてきました。

だから、相手の人生に真剣にかかわれる。

個人的感情を言ってしまえば、心配なことは盛りだくさんあったとしても、本人が心底望んでいる道であるなら、その先ですべったり転んだりすることも必要事項なわけ。

そうして、その人の人生に値する免疫力がつく。

星の情報には、見方一つで表もあれば裏もある、これぞ陰と陽。表裏一体でもって丸くおさまるわけで、陰と陽とでバランスがとれる。

極端な話、毎日が純粋培養の無菌状態であれば、どうってことのない菌一つが紛《まぎ》れ込んだだけで、取り返しのつかない突発事故となって、滅びてしまうかもしれない。

人生は、そんな一瞬の不幸事だけでは決まらない。

お先真っ暗に感じたからこそ、真実の一筋の光明に気がつけるかもしれないし、ナマ傷が絶えない人生のほうが応用が利くし、「生きている」って実感を持てます。

いま、「占い」はお金儲けの道具として脚光を浴びています。日本という国は八百万の神の国だから占いを信じるベースが文化的にあるのと、インターネットの普及とアプリの開発で、無料から有料まで、利用したことがある人は多いでしょう。

お金も時間もエネルギーだから、等価交換としてのお金儲けは大事だけれど、占いを利用した悪徳商売や悪徳宗教も後が絶えないのも事実。

捉え方やかかわり方は十人十色だし、誰が本物で誰が偽者なのかも自分で定めるしかないのが現状。国家試験や教員免許や資格制度があったとしても法を犯す教師や警官やカウンセラーがいるなかで、「占い」の在り方として決定しているルールなどないのだから、ある意味、野放しともいえます。

ある心理学者の先生が言っていたけれど、「占い」は思考停止のできる手段であると。言い得て妙だと感じました。だって、毎日毎日頭をフル回転させていたら、マジ疲れちゃうよね。

だから、迷っているなら星の教えに耳を傾けてみるのは運活力だとお伝えしているし、本当につらくてしんどいとき、何も考えられないとき、占いを道具として、任せて、いったん思考停止しちゃうってのは悪いことではないと思う。

だけど、いつもいつだって朝から晩まで生きるすべてが占い至上主義、どんな事柄でも占い頼りで思考停止していては、そんなの運活力ではないし、運命なんて展開していかない。ま、それも一つの生き方なんだと自覚しているなら、たしかに、それも人生。

「占い」とは、将来のことを何らかの方法で予想すること。その先人の知恵を、あなたの意思でもって活用してこそ「運活力」となる。

たとえば、おみくじ。

「大吉」とか「凶」とかだけに目がいって一喜一憂している人が大半だけれど、本当に大事な箇所は、和歌のように書いてある「お告げ」の部分。

そのなぞかけのような内容に、今そのときの自分を照らし合わせてみて、自分への気づきやヒントや戒めや後押しとするのが「運活力」なのです。

★
神様からの「合図」を見逃さないで

星の動きが慌《あわ》ただしい今、いろいろなことが起きていくわけですが、そうした一つひとつを「自分自身の次への節目になる合図」と気づけるかどうか。それが、これから先の大きな違いを生んでいきます。

あなたの核たる価値観と、学びと経験によって培われた価値観。それは自流と時流につながっていくもの。だからこそ、あらためて「誰とつながって何をするか」って、とても大事なことになるのです。

それには客観視することが大切だといわれても、性分的に自問自答する行為そのものが難しかったりする場合、それこそ星の情報は役に立つ。つながっている人の意見とか考え方、コミュニティーでの話題など、意識して求めたり期待してなかったとしても、そこに参加して、価値をシェアするだけでも何かしら参考になる。

自分が素直に「いい」と感じている環境で、なにげなく耳に飛び込んでくる言葉って真に心に響くから。というか、相思相愛エネルギーのなかで起こる出来事すべては、いまの自分に必要だったりするのです。


ところで私は、名刺を配らない。そう決めているわけではないのだけれど、結果として、そうなってしまっています。

名刺交換はビジネス上での礼儀でもあるから、時に私のしていることって非常識なのかもと感じて、反省することもあります。だから、じつはその時々に応じて、名刺をつくってはいて、たまたま持っていて渡せるときもあるわけです。

だから、私が名刺を渡せないのは、持ち歩いていないからというのが最大の理由で、渡さない主義であるとか、大げさな理由は何もない。

けれど私の潜在意識のなかで、「誰とでもする挨拶代わりの名刺交換はイヤなんだろう」というのがあると思っています。

つまり、相思相愛エネルギーが、そこになければ、ただ儀礼上の名刺交換は意味がないということなのです。

「この人とつながりたい」

そういう思いが双方にあってこそ、名刺交換は成り立つもの。いや名刺交換なんてなくても、つながる人とはつながっていく、と思うのです。

名刺なんかない。それを突破したご縁を探し求めているというか、そこからその先へと展開するご縁が好きなんだよね。

私的に捉える「突破したご縁」こそ、相思相愛エネルギーの「ご縁」へと展開する。

本気でつながりたいと感じてくれた人たちは、名刺を手渡さなくても連絡が来る。

どうすればつながるかを考えて、ご縁を手繰《たぐ》り寄せて実行に移して会いに来てくれる。

そうやってつながったご縁を大切に育てている。

ただ、ここで間違えてほしくないのは、私にはそれが合っているというだけで、「正しい」とは思っていない。当然、それぞれの性分があって、さまざまな生き方があるのだから、ご縁の始め方も、人それぞれでいいのです。

それと、私の場合は、人と会って話をすること、それがそのまま生業として成り立っているので、あえて自分のなかで律して、それを簡単にしないでいるということもあります。だからということでもないですが、メールもほとんどしません。

日々行っているセッションでは、みなさん忙しい時間をやりくりしてお金を払ってまで来てくれているわけで、そこで本気のエネルギー交換をしている日常を考えたなら、そうでない時間は容易く使えない。

気がついたときから人の相談に乗っていたということをお話ししましたが、それは、日常でのなにげない立ち話やお茶しているときや飲み会での席などが、そのまま人生相談の場となってしまったということです。当時から今も、私にはオンとオフの使い分けがないというか、人とかかわっているときは、いつだって相手が誰であってもオンなんだよね。

もちろん、相手に準備がないのに一方的には話さない。求められない限りは余計なお世話になってしまうから。

そういったその時々の機微にも気づいて、十人十色の環境や性分に応じて一瞬一瞬を真剣に対応していたわけ。

だからどんな場であっても感じて伝えたことをつかんでくれたら嬉しかったし、その反面、同じことを何度も繰り返されると疲れちゃってた自分がいた。

これはプロになってから気づいたことなのだけど、ただ一方的に「自分の話を聞いてほしい」って人、いるじゃやない？

ましてや相手が占い師だったらなおさら、お金を払う気はないけれど聞いてもらおうといった軽薄な気分が起きるのもわからないではない。けれど、その「気」に容易く応じてしまったら、本気で会いに来てくれる人たちに失礼になるよね。

名刺を渡したからこそ、そういった「気」が起きるわけだし。メールのやり取りも同じことがいえる。相手はそんなつもりがなくても、メールはそのまま悩み相談の場と化してしまう。だから、できればそういった時間をつくりたくないし、つくらなければ、そういった「気」を生まないですむ。

なので、自分のペースに巻き込める積極的な人であれば、または、時間活用の達人であれば、名刺交換したすべての人とアポをとって、ご縁の展開へと臨めるし、いただいた名刺のなかから興味が湧いた人や確実につながりたい人を選んでご縁を育むこともできる。それに、ＳＮＳはとても便利なツールには間違いないし。

あなたはどんなタイプ？

というか、名刺交換やインターネットのさまざまな活用法も含め、それらに限らず、これまであたりまえにしてきた自分の動きは、自分の生業に幸（功）をなしているのか否か、自分の価値観や自身の価値へのプラスや相乗効果となっているのか否か。自分のやり方とその後の流れを振り返ってみるのはいいかもしれません。

いろんなご縁のなかから相思相愛エネルギーへと点火・転化するプロセスって、検証したからこそ実感できるものだと思います。

★——自分を信じる力がなければ人とつながることはできない

「誰とつながるかが大事」というと、つながる「誰か」の「誰」とは、何を基準に選べばいいのか？　とセッションで質問されます。

それと同時に、キナ臭いかもしれないコミュニティーが存在しているといった情報を日々耳にします。その規準と基準、それは、あなた自身があなた自身とつながっているのかどうか、問われています。

自分の身体と気持ち、頭と心、そこらへんがバラバラで揺らいでいたなら、芯＝真をつかめない。素直な気持ちでパートナー、友人たち、一人ひとりとのつながりを、ちゃんと見据えて見直して。

自分とつながっている人の話や教えてくれた情報は、自分の耳に飛び込んできた一つの情報として、それも縁があってのこと。それがいいとか悪いとかでなく、自分なりに検討し、納得のいった話であれば、自分への一つの参考意見として、いくつもかさね合わせてみたうえで、自分なりの回答を感じて、つかみとることです。

あなたとリンクする人とのつながりを大切に、あなたが支持したコミュニティー、また、あなたを中心とするさまざまな場面で、いま感じていること、その素直な気持ちで思う存分、議論、討論してみることです。

人間は生まれてきたからには、皆一人ひとりにあたりまえのように使命があって、その使命の一つに、人とつながり合う人生のなかで、些細な出来事や言動から誰かしらの英雄になっていたりもするものです。

私たちの一生なんて宇宙で見たなら瞬《まばた》きくらいだといわれていて、だけど、どんな時代に、どんなところに生まれてきているのか、そこからどう歩むのか、すべては使命。

少子化と叫ばれているこの時代では、子孫を残して命をつないでいくことができるだけでも立派な一つの使命だよね。その子どもにとって、ちゃんと育ててくれる親は英雄です。
だけど、子どもに選ばれていたって、ちゃんと親になるってことすらできない人たちも大勢います。日本という国自体がモラルのない国へと陥っているから、子どもたちも本来家庭のなかで親が教えるはずのあたりまえの常識とか道徳とかが失われ、モラルを無視する個人の価値観のなかで育っています。それを反面教師として育つ人もいれば、まんま同化しちゃう人もいれば、洗脳されてしまっている場合だってある。

まるで所有物のように支配したり、反対に子育てを放棄していたりという親がいるけど、生き方は人それぞれだし、価値観もぜんぜん違う。気にする（気になる）場面は人さまざま。また、どんな星を持って生まれてきていようと、その人が選んだ家庭（過程）での文化もあります。

「長所は欠点であり、欠点は長所」というのは、そういうことでもあるわけです。

モラルが崩壊しちゃっている人たちの起こす事件が、いまの世の中は後を絶たない。もし、そういった人たちとつながっちゃったとしても、己の抱き持つ「軸＝芯」しだいで、ピンチはチャンスとなることを忘れないで。

いまの試練が揺るぎない力になる

本人からすれば、失敗で損失なことも、未来への自己投資となっている場合があります。お金と時間のエネルギーは、しっかりした「軸＝芯」を抱き、ブレるまではいかないとしても、人間である限り、ちょっとした隙や揺らぎは起きるから、ちゃんと燃焼しようとしていても、どうしたって余剰エネルギーって生まれてしまうもの。

自己投資となせるのは、その余剰エネルギーを掃きだす機会であって、それは社会に捧げるお布施《ふせ》みたいなもの。

そりゃ、誰だって損なんかしたくないのはあたりまえで、経営者の場合は「損を承知で賭けてみる」といった方針のときもあるだろうけど、常に損していたなら経営なんて成り立たないし、それでは経営者失格というか、資格すらないよね。

人間一人ひとりが歩む道において、次へと切り替わるステップ時に、その道への資質を試されます。とくに、サラリーマンにはなりたくてもなれず、経営者としてしか生きられないワガママな人たちは、その分の「糊代《のりしろ》（余力）」を要求されています。

だけど、ちゃんと使うところに使っていたとしても、それくらいの「糊代（余力）」をつくっておけって感じで、試練のように訪れる。そして、それを乗り越えられた人は、その後そのとき使った金額の倍以上に所得が上昇するか、儲かっています。

これは、星が云々《うんぬん》というよりも、人生の歩む「道程」のところどころで課題として試される必要事項。

野心というのは誰もが持っているというわけではないし、たとえ抱いたとしても実行したなら、それで精神を壊しちゃうくらいのプレッシャーになってしまう人もいます。だけど、どんなにつらくて困難であっても、その人の道であれば、目の前のことを一つひとつやっていった先で開けるし、気がついたときにはプレッシャーがエネルギーの源になっていたりもする。

道には試練がつきもので、その試練を経験することで自身の揺るぎない力となる。

それは、人間の器が大きくなるってこと。

相応の試練がないと、器って大きくならない。

損を損だと思っている限り損でしかない。

「私の人生、損なんかしたことがない」と言うのは、いつまでたっても器が小さいままだとも言い換えられます。

器に入る容量が決まっているうちは急に大きくなんかならないし、無理強《じ》いしたって壊れちゃう。だけど、その器は自分しだいで自分の成長と共に訪れる試練を経て、いつのまにか大きくなっているものです。

それと同時に、何を見て「大きい」「小さい」と判断するのかってことも、大切な問いかけです。

器って、幅も広さも奥行きもあるように、見た目や肩書きや系統だけじゃない。人が人とかかわることで切磋琢磨して、その使命が果てるまで、器＝魂は成長していくものです。

★心を正してくれる人、癒やしてくれる人の存在

私は東京の下町生まれということもあってか、せっかちで、そのうえ性分が柔軟であることも手伝って、「あーともこーとも言えるよね」と、いつだっていろんなことをいっせいに考えてしまう。常に、あれとそれと、これもそっちも向こうもと、頭の中がくるくるまわっていて、一つのことだけにじっくり向き合おうとしても、次々にいろんなことが浮かんできてしまう。

いいも悪いもそれは自分であって、そんな自分に慣れっこになっているはずなのに、「なんて気ぜわしいヤツなんだ」と、今更ながらため息をつくときもあります。

そう、自分ではどんなに理解しているつもりでも、そんな自分がいちばん厄介だったりするわけです。

「そこが好きであって、そこが嫌い」なんて思うカワイイ領域はとっくに超えているから、わかっちゃいるけど持て余す。

自分に対して、「あー、疲れる」って瞬間があっても、深夜であれば、ふと見ると夫がスヤスヤと眠っていて、それで心が癒やされたりする。

これってのろけとかそういったことでなく、自分の心が正されたり癒やされたりする人が存在しているって有り難いことだ、という話です。

たとえば、それは人でなくても犬とか猫とか、または生き物でなくても本でも映像でも、「はっ」としたり、「ほっ」としたりする時間があるって大事なことだよね。

そんな私の日常において唯一集中できるのは、セッションをしているときだけだといえて、自分でも不思議なくらい「その時間」だけは没頭できます。

非日常においてはお写経をしているときだけは「無」になれて、それと、月に一度だけヨガを始めて3年になるのだけれど、近頃ヨガをしているときも自分の息にだけ集中できて、お写経が終わったときのような爽快《そうかい》さを感じるようになってきました。

ここのところ、それは思い返せばここ数年に何度となく、いくつもの案件に思いをめぐらせているときに「私には静寂が必要だ」という言葉が飛び込んでくることがありました。自分でも、「えっ?」「何、それ?」って思わず口に出てしまいそうな感覚です。

他のことをアレコレ考えているときに、なぜ「私には静寂が必要」といった自分事が出てくるのか……。いったん思考が止まるというか、その言葉がよぎった先で頭を巻き戻したりして考えました。

私は私自身のことを考えようとするときも、他のことを考えるとき同様に、いくつもの事柄が同時進行となって問題点を一つに絞れず、あらゆる角度から頭をめぐらせ考えるわけだけど、他のことを考えているときに自分事が混ざってしまうことって、私にはめずらしいことでした。

だけど、その瞬間だけ心にとどめるのでは結局、後まわしになってしまう。日々の暮らしにおいて、「静寂」について緊急事態に陥っているわけではないから、深く追求もせず、優先事項として突き詰めないで、気ぜわしい日常のなかにいて忘れてしまっていたりするわけ。

でも、当時の私には、やはり「静寂」は必要だったと、いまになってみるとわかります。

静寂は、長い休みをとらなければ得られないというものではありません。

心なのか頭なのか、なにかザワザワして落ち着かないとき、それは必要になるのでしょう。

私たちの生活は、常に気ぜわしく、何かしらに追われている。

そう感じている人は少なくないでしょう。

でも、そんな生活をあたりまえにしたら、いつか、自分自身が疲れ切ってしまいます。

「あたりまえ」に過ごしていることを、いいことも悪いことも含めて、自分に確認していく。そのうえで、すべてに感謝することができたら、その存在すら気づかずにいた「幸せの扉」が開かれていたことに気づくはずです。

★――エピローグ

あなたの幸せは、あなたの心の中にある

「人の世の　幸不幸は　人と人とが　逢うことから　はじまる
よき出逢いを」――相田みつを

來夢業が始まった当初は、来る日も来る日も「片思い」の恋愛相談で、来る人来る人が口をそろえて「結婚して幸せになりたい」と言っていました。

ただ単に「結婚したい」と言っている場合は、仕事に疲れていて、それが現状打破の手段であると思い込んでいることが多かったです。

だから、

「そんな気持ちで結婚したって幸せになんかなれない」

「結婚は幸せの到達点ではなく、そこからが始まり」

「幸せは人からしてもらうのではなくて自分自身でつかむもの」

と、その人それぞれに応じて感じることを真剣に伝えていました。

星を読めば、どんな人が好きなのかといった相手の好みはわかるから、恋文さえも添削しながら恋の攻略法を伝授したりすることもありました。

なにもそんな努力をしなくても、ありのまま恋に落ちて相思相愛となって結婚に至るっていう流れが自然ではあるけれど、苦労してつかんだ相手こそ運命の人ともいえます。

だから、まずは本人の望むよう徹底的に応援するのは、与えられたご縁ある人への私の役目だと思ったのです。

だけど、動機が曖昧であれば相手にまったく誠意など生まれないのは当然の成り行き。

というか、恋もお金も追えば逃げていくのは真実で、相手にその気もないのに押してもダメなら引いてみたって、何も起きるはずもない。

一瞬成就したかに見えても一時だけの儚さで、結局そういった恋は長続きしない。

それはなにも恋だけではなくて、今世の魂への必要事項として体得する課題がそれぞれ

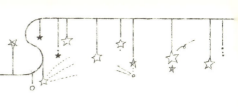

にある。

自分に起きている目の前の難題を取りつくろって、何とか前に進めたとしても、それで人生が終わるわけではないから、痛い思いをしてでも身につけることって、大切なプロセスです。

それは自分が自分とする鍛錬であって、そうして自身の歩む道は開いていくものだから。

気持ちよく消化して昇華したなら、上昇した魂に相応の次なる課題がやってきます。

自分を生きるのに、はしょることはできないから、そこから逃げてしまえば、現象的なかたちは違えど、同じ課題は繰り返されて、今世で達成できなければ魂のツケとなって来世への持ち越しとなります。


人間として、年を経たからこそ省《かえり》みることができる。

そして人は、それぞれ自分自身のタイミングで「思い知る」ときが来る。

何度思い知ったとしても諦めたくないことがあるのであれば、自分の気がすむまで自身のありったけの最善を尽くす。

どんなときも、いつも、いつだって「それで自分は幸せなのか？」といった問いかけを自分自身に向けてみてほしい。

自分自身の人生は一度きりだからこそ、人間として生まれてきた以上「幸せである」よう自分の魂を導いていきましょう。

星の情報は、西洋も東洋もどちらも先人の知恵として活用できるとお伝えしているように、節目に自分を客観視してみることは、自身の道がらせん状に上昇していく重要な鍵であって、年を重ねるほどに深く理解できるし受けとりやすくなります。

生きている「年」の意味を知り、そこで生きる自分の幸せを問う。

今世の自分は自分しかいないのだから、その命が果てるときまで自身を幸せに導いてほしい。

十人十色に魂の使い道はさまざまであっても、それが生まれてきた意味であり、いちばん大切な使命といっていいでしょう。

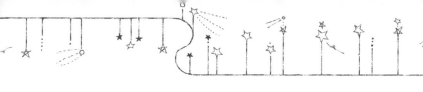

私が生きる幸せは「旅」、というか達成感でお酒がおいしいと感じられる毎日も旅をしているようなものだと感じています。

非日常となる旅は、日常でのあたりまえに感謝できる。

今日という日のあたりまえは、あたりまえであってもあたりまえではないと知り、毎日精一杯悔いなく生きたい。

私的には、たとえ何らかの事件に巻き込まれて命を失ったとしても、それは天命として使命を果たしたのだと感じています。

だけど、私たちの日常を生きる姿勢というか気持ち一つではそうはならない。

なぜなら、肉体があってこそ成長した精神に応じて魂は覚醒していくから、「目に見えることしか信じない」という気持ちでは、肉体を離れた魂はとどまり転化していかない。あなたが信じるパワースポットもパワーストーンも、自分へのスイッチのように、自身の生きる道に応じる後押しとなるわけです。

人間として生まれてきたからには、誰であっても神ともいえる霊性は自分の内にあって、それは宇宙というか「お天道様」と呼応しています。

あなたは、あなたである限り、守られている。

だけど、あたりまえの日々のなかで試されているから、自分を生きる軸を持たないと翻弄されるし、巻き込まれる。

「いまになって、來夢さんの言っている意味がわかるようになりました」といった感想をいただくことが多くなりました。

私の伝えていることは、あまりにもあたりまえのことだから、そのあたりまえに気がつくのも、十人十色の経過が必要なのかもしれません。

「なぜ?」といった事象は「縁」や「業《ごう》」の結果として起きていて、もちろん、気がついたときが「自分で知る」タイミング。

いつだってピンチはチャンスへの扉なわけで、わかったふうに取りつくろって、やり過

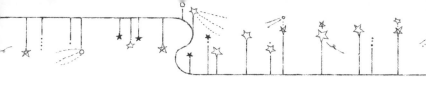

ごしてしまえば開かない。
「何が大切なのか」は、本人自身が実感しないと意味がない。

あたりまえの日常は、何も変わっていないように見えていて、だけど時代は駆け足で、あたりまえのように次代へと向かっています。

たとえば、目に見える現象としてのお金持ちと貧困との落差を二極化というけれど、どっちの立場であろうと、豊かな気持ちを持って生きているのかいないのか、という心の在り方が自由に進化しているときなのだといえます。

だから、「平均値」という言葉に惑わされないで生きること。

お金と時間はエネルギーとして、平均以上のお金があっても、毎日疲れて寝るだけの時間しかない生活だとしたら幸せなのか。

「いまはお金を貯めるとき」「とにかく修行中だから」といったような動機や目的があるならいい。一心不乱に「ただ流されているだけ」「使う暇なく働く」ときも、人生のプロセスのなかでは必要事項だったりもします。

だけど、「こんなはずではない」「空《むな》しい」と感じている自分に気がついたならば、そのときこそ自身のタイミングであるから、自分を慈しむ努力を持って、そこから「どうする？」と覚悟してください。

「願いは叶う」は加速している。
自分のしたいように、変えて、進んでいく。

自分の「環境」と「働き方」を見つめて、揺るぎないあなた自身の生きる大地をつくっていきましょう。

來夢

［著者紹介］

來夢（らいむ）

アストロロジャー＆スピリチュアリスト。
星活学協会会長。経営アストロロジー協会会長。
早稲田運命学研究会顧問。
マイナスエネルギーをいかにプラスに変えるかという
実用的な視点から占星学を活用。
OL、主婦からビジネスマン、成功経営者まで、
秘密の指南役として絶大な支持を得ている。
著書に『月のリズム　ポケット版』（きずな出版）、
『運の正体』（ワック）、
『らせんの法則で人生を成功に導く 春夏秋冬理論』
『運活力』（実業之日本社）、
共著に『誕生日大事典』（王様文庫）他多数。

【シーズンズHP】　http://www.seasons-net.jp/

來夢的開運レター
「あたりまえ」を
「感謝」に変えれば
「幸せの扉」が開かれる

2016年10月1日　初版第1刷発行

著　者　來 夢
発行者　櫻井秀勲
発行所　きずな出版
〒162-0816
東京都新宿区白銀町1-13
電話03-3260-0391
振替00160-2-633551
http://www.kizuna-pub.jp/

ブックデザイン　福田和雄（FUKUDA DESIGN）
編集協力　ウーマンウエーブ
印刷・製本　モリモト印刷

ISBN978-4-907072-75-9

きずな出版

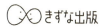